すぐに使える！
学生・教員・実践者のための
ソーシャルワーク演習

ソーシャルワーク演習研究会 編

ミネルヴァ書房

まえがき

　2007（平成19）年の「社会福祉士及び介護福祉士法の改正」，それに伴う社会福祉士養成カリキュラムの変更，また2014年のソーシャルワーク専門職のグローバル定義採択，そして2015（平成27）年９月に厚生労働省が示した「誰もが支え合う地域の構築に向けた福祉サービスの実現——新たな時代に対応した福祉の提供ビジョン」など，ソーシャルワーカー養成を取り巻く状況はめまぐるしく変化している。これらは，複雑，また多様に変化する現代社会に対応するためのものであり，さらにより実践的で専門的なソーシャルワーカー養成の必要性を示しているといえる。

　一方で，専門的知識と技術を用いて援助を必要とする人々（クライエント）を支援していくのは，めまぐるしく変化する時代にあってもなお恒久的なものである。教育内容が社会の変容に応じ変更することはあるにせよ，ソーシャルワーク実践の根本的事項に変化はないと考えられる。重要なのは，多様化する援助の必要性に対し，学生たちに，クライエントと向き合い，支援していく技術をいかに涵養するか，そのために演習という機会を適切かつ効果的に活用できるかという点にある。演習担当者として「どうすれば効果的な演習を提供できるか」，さらに言うならば「どうすれば学生にとって良い演習ができるか」という点で，私たちは常に悩んでいた。そこで生まれたのが一般社団法人日本社会福祉士養成校協会（現・一般社団法人日本ソーシャルワーク教育学校連盟）関東甲信越ブロックの「ソーシャルワーク演習研究会」である。この会では，同じような悩みを抱える演習担当者同士が互いを高め合い，教育内容を精査している。その地道な活動の一つの成果といえるのが本書である。本書は，研鑽活動を通じて紡ぎ出された他にはない次のような特徴をもつ。

① 　直近のニュース，また大学生活や学生自身の事など，学生等が身近に感じているさまざまな「素材」を材料として演習を展開できるとともに，専門的学びに向けた導入として活用できる構成。

② 　身近な「素材」を題材にした事例中にソーシャルワーク実践に必要な知識や技術，理論をスライドさせ，その涵養を促進できる内容。

③ 　自己覚知やケースワーク技術など，ソーシャルワーク実践に欠かすことのできない項目に加え，現代のソーシャルワーク実践に求められているコミュニティワークやネットワーキング等の技術習得のための「素材」も積極的に掲載。

i

④ 「ソーシャルワーク演習研究会」の中で行われてきた模擬授業を基に精査された演習課題を提示。

⑤ 一つひとつの項目が授業の一コマ90分以内に終えられるよう組み立てられた課題内容・分量であり，経験の浅い演習担当者も活用しやすい体裁。

⑥ 演習担当者へのサポートとして，授業展開（授業案）及び解説内容をダウンロード版にて提示（問合せ先は末尾に掲載）。

⑦ これからの社会福祉士が担う新しいワンストップサービスにおける相談支援で求められる技法を習得するために，複合課題をもつ一つの事例をソーシャルワークのプロセス別に解説する章（第4章）を設定。

⑧ 2014年の IFSW（国際ソーシャルワーカー連盟）と IASSW（国際ソーシャルワーク学校連盟）大会において採択されたソーシャルワーク専門職のグローバル定義の内容を網羅。

上記の特徴を踏まえ，本書は次のような構成となっている。

まず，第1章ではソーシャルワーク実践の基礎となるソーシャルワークの価値や視点について取り扱う。ここでは，ソーシャルワーク専門職のグローバル定義に示されるような，現代のソーシャルワーカーに求められる価値や原理について学ぶ。

第2章ではクライエント支援のための具体的な技術について取り扱う。面接技法や記録等，実践領域を問わず，直接的，間接的にクライエント支援に求められる技術について学ぶ。

第3章では「地域」をキーワードとし，関連する概念と技術について取り扱う。

そして，第4章ではワンストップサービスの実践事例を取り扱う。前章までに学習した事項を含め，総合的・包括的なソーシャルワーク実践についてソーシャルワーク・プロセスに沿って学習する。なお，本書で使用する事例は筆者により加工，創作されたものである。

本書が，ソーシャルワークを学ぶ学生等，演習担当者はもちろん現業にあたる専門職，また多くの社会福祉実践を志す人々に活用していただければと願っている。

2017年11月

北爪克洋

すぐに使える！
学生・教員・実践者のためのソーシャルワーク演習
目　次

まえがき　i

オリエンテーション（契約）　1

第1章　ソーシャルワークの価値と視点 ……………………………… 5

1　ソーシャルワーカーに求められる倫理 ………………………………… 6

　　1　導入ワーク──ソーシャルワーカーはやさしい人なのか　6

　　2　展開ワーク──やさしい人の言動 VS ソーシャルワーカーの言動　8

　　まとめ　10

　　［ソーシャルワーカーに求められる倫理］理解度チェックリスト　11

2　多様性の理解 ………………………………………………………………… 12

　　1　ワークの前に　12

　　（1）ソーシャルワーク専門職のグローバル定義と多様性の尊重　12

　　（2）LGBTQ の人々　13

　　2　導入ワーク──LGBTQ の人々を率直にどう考えるか　14

　　3　展開ワーク──LGBTQ の人々とトイレ問題　14

　　（1）サンフランシスコの小学校が男女別トイレを段階的に廃止（2015年）　14

　　（2）ノースカロライナ州で「トイレ法」が成立（2016年）　15

　　まとめ　15

　　［多様性の理解］理解度チェックリスト　16

3　人権と人間の尊厳・集団的責任 ………………………………………… 18

　　1　導入ワーク──仲間はずれ　18

　　2　展開ワーク──集団的責任をどのようにとらえるか　20

　　まとめ　22

　　［人権と人間の尊厳・集団的責任］理解度チェックリスト　23

4　社会正義 ……………………………………………………………………… 24

　　1　導入ワーク──社会正義とは？　24

　　2　展開ワーク──事例にみる社会正義　25

　　まとめ　27

　　［社会正義］理解度チェックリスト　28

5　自己覚知──自分の価値観を知る ……………………………………… 30

　　1　導入ワーク──身近な好き嫌いから自分の価値観について気づく　30

　　2　展開ワーク──自分の価値観を知る　32

　　まとめ　34

　　［自己覚知──自分の価値観を知る］理解度チェックリスト　35

6　感情理解と活用 ……………………………………………………………… 36

1　導入ワーク——自分の感情の再確認　36

　　　2　展開ワーク——援助場面での感情のコントロール　37

　　ま と め　38

　　［感情理解と活用］理解度チェックリスト　39

　7　個人の理解……………………………………………………………42

　　　1　導入ワーク——他者とは？　42

　　　2　展開ワーク——他者理解のための視点　44

　　ま と め　46

　　［個人の理解］理解度チェックリスト　46

　8　家族の理解……………………………………………………………48

　　　1　導入ワーク——家族のとらえ方　48

　　　⑴　自己の家族観の再確認　48

　　　⑵　家族間の関係性・力動の把握　49

　　　2　展開ワーク——家族間の関係性・力動をとらえた支援の検討　50

　　ま と め　51

　　［家族の理解］理解度チェックリスト　52

　9　グループの理解………………………………………………………54

　　　1　導入ワーク——自らが所属したグループについての振り返り　54

　　　2　展開ワーク——グループワーク理解のための視点　55

　　ま と め　59

　　［グループの理解］理解度チェックリスト　60

　10　基本的コミュニケーション…………………………………………62

　　　1　導入ワーク——言語メッセージと非言語メッセージ　62

　　　2　展開ワーク——非言語コミュニケーションの役割　64

　　ま と め　65

　　［基本的コミュニケーション］理解度チェックリスト　66

第2章　ソーシャルワークの技術……………………………………67

　1　面接技術………………………………………………………………68

　　　1　導入ワーク——信頼関係構築　68

　　　2　展開ワーク——面接技法の活用　69

　　ま と め　70

　　［面接技術］理解度チェックリスト　71

　2　プレゼンテーション…………………………………………………72

　　　1　導入ワーク——私の好きなもの　72

2　展開ワーク──プレゼンテーションの準備と実践　73

まとめ　76

［プレゼンテーション］理解度チェックリスト　77

3　ネゴシエーション　78

1　導入ワーク──利害の対立事例　78

2　展開ワーク──ネゴシエーションの事例　79

まとめ　81

［ネゴシエーション］理解度チェックリスト　82

4　ファシリテーション　84

1　導入ワーク──ファシリテーターのコミュニケーション　84

2　展開ワーク──ファシリテーターの視点　85

まとめ　88

［ファシリテーション］理解度チェックリスト　88

5　マッピングツール　90

1　導入ワーク──ジェノグラム・ファミリーマップ・エコマップを作成しよう　90

⑴　身近な人物を中心としたジェノグラムを作成しよう　90

⑵　ファミリーマップ・エコマップの書き方を学ぶ　91

2　展開ワーク──ジェノグラム・エコマップを用いて記録を作成する　92

まとめ　94

［マッピングツール］理解度チェックリスト　95

6　記　　録　96

1　導入ワーク──身近にある記録と SOAP 方式による記録　96

2　展開ワーク──記録票への具体的な記入　97

まとめ　98

［記　　録］理解度チェックリスト　101

7　アドミニストレーション　102

1　導入ワーク──障害者就労継続支援B型事業　102

2　展開ワーク──PDCA サイクルを用いた障害者就労継続支援B型事業の展開　103

まとめ　105

［アドミニストレーション］理解度チェックリスト　106

8　スーパービジョン　108

1　導入ワーク──人から教わる　108

2　展開ワーク──スーパービジョンを行う　109

まとめ　111

［スーパービジョン］理解度チェックリスト　112

目　次

第3章　地域を基盤としたソーシャルワーク……………………………113

1　地域の理解……………………………………………………………114

1　導入ワーク──居心地の良い場所　114

2　展開ワーク──課題の報告と共通点・条件のまとめ　116

ま と め　117

［地域の理解］理解度チェックリスト　119

2　アウトリーチ…………………………………………………………120

1　導入ワーク──関わってほしくない気持ち　120

2　展開ワーク──支援を拒む理由　121

ま と め　123

［アウトリーチ］理解度チェックリスト　124

3　ネットワーキング……………………………………………………126

1　導入ワーク──「つながり」の意義　126

2　展開ワーク──ソーシャルサポートネットワーク　127

ま と め　130

［ネットワーキング］理解度チェックリスト　130

4　ソーシャルアクション………………………………………………132

1　導入ワーク──ニーズの充足　132

2　展開ワーク──ニーズの充足のために必要な活動　134

ま と め　136

［ソーシャルアクション］理解度チェックリスト　137

5　社会資源開発…………………………………………………………138

1　導入ワーク──社会資源とは何か　138

2　展開ワーク──新たな社会資源の開発に必要な活動　140

ま と め　142

［社会資源開発］理解度チェックリスト　143

6　クロージング…………………………………………………………144

1　導入ワーク──演習の振り返り　144

2　展開ワーク──活用の検討　146

ま と め　147

［クロージング］理解度チェックリスト　148

第4章　事例でみるワンストップ型ソーシャルワークプロセス………149

学習のねらい………………………………………………………………150

vii

1 インテーク‥‥‥‥‥‥‥‥‥‥‥‥‥‥‥‥‥‥‥‥‥‥‥‥‥‥‥‥‥‥ 151

   1 相談者の紹介　151

   ⑴ 相談者のプロフィール　151

   ⑵ 多坂家の家族構成　151

   2 相談者が相談援助者との相談に至るまでの経緯　151

2 アセスメント‥‥‥‥‥‥‥‥‥‥‥‥‥‥‥‥‥‥‥‥‥‥‥‥‥‥‥‥ 155

   1 2回目の面接　155

   2 情報整理　159

   3 情報分析　160

3 プランニング‥‥‥‥‥‥‥‥‥‥‥‥‥‥‥‥‥‥‥‥‥‥‥‥‥‥‥ 161

4 インターベンション‥‥‥‥‥‥‥‥‥‥‥‥‥‥‥‥‥‥‥‥‥‥‥ 167

   1 支援調整会議の実施　167

   2 支援の実施　168

   ⑴ 滞納を解消して現在の家で暮らす——短期目標（1）　168

   ⑵ 父親が仕事に就く——短期目標（2）　171

   ⑶ 兄が家以外に居場所を見つける——短期目標（3）　175

5 モニタリング‥‥‥‥‥‥‥‥‥‥‥‥‥‥‥‥‥‥‥‥‥‥‥‥‥‥‥ 177

6 エバリュエーション‥‥‥‥‥‥‥‥‥‥‥‥‥‥‥‥‥‥‥‥‥‥‥ 178

7 ターミネーション‥‥‥‥‥‥‥‥‥‥‥‥‥‥‥‥‥‥‥‥‥‥‥‥ 181

8 エピローグ‥‥‥‥‥‥‥‥‥‥‥‥‥‥‥‥‥‥‥‥‥‥‥‥‥‥‥‥ 184

9 人物紹介——第4章事例（多坂家）の登場人物‥‥‥‥‥‥‥‥ 185

   ⑴ 祖母：道子（79歳）　185

   ⑵ 父：修治（54歳）　186

   ⑶ 本人：真菜（20歳）　187

   ⑷ 兄：翔（23歳）　188

   ⑸ 南北区生活困窮者相談窓口ソーシャルワーカー：浅田さおり（29歳）　188

10 ワークシート解答例‥‥‥‥‥‥‥‥‥‥‥‥‥‥‥‥‥‥‥‥‥‥ 189

あとがき　201

巻末資料　203

索　　引　219

コラム

   1 「多様性の理解」について考える　17

   2 人を理解するということ　41

   3 ソーシャルワーク・マインド　53

4 「基本」 61

5 ソーシャルワークとネゴシエーション 83

6 「わからない」ことを「わかる」 107

7 「見ようとする」こと 125

オリエンテーション（契約）

学習のねらい

　ソーシャルワーク演習を行うにあたり，学習者が主体的に授業に参加して学ぶために，導入ワークでは自らの学習の目的を明確にするとともに，主体的な意思決定と行動について基本的概念の整理を行う。展開ワークでは，演習の目的を達成するための具体的な行動規範を作成し，契約に則って学ぶことへの責任感を醸成する。また，これらが相談援助過程における援助計画の作成と契約の概念に結びつくことも理解する。

- **Keyword**：価値と倫理，同意と合意，参加と参画，契約，主体的な決定

- **ワークに必要なもの**：国語辞典，漢和辞典など調べ物ができるもの

1 導入ワーク——学習目的の明確化

1．まず，以下の点を踏まえながら，自己紹介をしよう。

　　「なぜ，ソーシャルワークを学ぼうと考えたのか」
　　「このクラスで何を学ぶことを期待しているのか」
　　「将来の夢や希望」等を，それぞれが1分で話す。

　できれば事前にメモを用意しておいてもらうと話しやすくなる。

2．主体的な意志決定と行動について理解しよう。次に挙げる言葉について「予想される意味」について各自で考えてみよう。次に国語辞典や漢和辞典等を用いて言葉の意味と使い方を調べ，次頁の「調べた結果」に記載しよう。最後に，これらの言葉を，この演習のクラスに当てはめて考えてみると，自分はどんな態度や姿勢をとることが大切かを考えながら，「自分の考え」欄に記入しよう。

言　葉	予想される意味	調べた結果	自分の考え
同　意			
合　意			
参　加			
参　画			

2 展開ワーク──このクラスでの行動規範を策定する

1．演習の意図と学びの目標を理解し，「同意と合意」「参加と参画」の違いを理解した上で，シラバスを基にその目標達成のための行動規範（ルール）を作ろう。そして，それぞれが，どのような行動を取ったら良いのかを具体的な言葉で書き出してみよう。

達成したい目標	そのために必要な行動

オリエンテーション（契約）

2．課題を明確化して，その解決のために具体的な行動計画を立てるという行為は，相談援助過程における「支援計画の作成」と同じである。この計画は，支援者が一方的に決めるのではなく，クライエントを主体として考え，相互が合意して取り組むための「契約」にもつながる。

クラス全体の行動規範（ルール）を作成しよう

【契　約】

　私はこのクラスにおいて，上記の行動規範（ルール）に則って主体的に学び，ソーシャルワーカーとしての知識と技術を身につけることに合意します。

日付：　　　年　　月　　日　　氏名：＿＿＿＿＿＿＿＿＿＿＿＿＿＿

まとめ

　演習とは，いわば実技である。学習者の主体的な参加があってこそ十分な学びを得ることができる。また個人ワークだけでなく，グループワークや事例検討，ロールプレイ，討論など，他者とのコミュニケーションの力も問われる。

　演習というプログラムを主体的に，かつ効果的に機能させるためには，まず，「何のために学ぶのか」を自ら考え，自分自身の学びの目的と結びつけると同時に，積極的にプログラムに取り組む姿勢を作り出すことが重要である。加えて，演習に参加する姿勢を自ら決めてルールを作り，契約という形で演習担当者，他のメンバーと相互に約束することで，学びに対して責任をもって取り組むことが可能となる。同時にこ

れが相談援助の支援過程の一部と同じであること，つまりクライエントとの契約の実践にも通ずることを意識してほしい。さらに，グループワークにおいて，お互いの異なる意見を尊重しつつも，一つに集約する過程も演習に参加する上で重要な要素となってくる。

［オリエンテーション（契約）］　理解度チェックリスト

1．導入ワークにおいて，自分自身の学びの意図を明らかにすることができた。
　　□　よくできた　　　　　□　できた　　　　□　十分ではない

2．導入ワークにおいて，演習に主体的に取り組むことの重要性が理解できた。
　　□　よくできた　　　　　□　できた　　　　□　十分ではない

3．展開ワークの議論に積極的に参加して，自分の意見を伝えることができた。
　　□　よくできた　　　　　□　できた　　　　□　十分ではない

4．展開ワークにおいて，異なる意見に対しても尊重する姿勢で関わり，納得してルールづくりに参加できた。
　　□　よくできた　　　　　□　できた　　　　□　十分ではない

5．このクラスの目的と，自分自身の行動計画が明らかになり，主体的に学ぶ意欲をもつことができた。
　　□　よくできた　　　　　□　できた　　　　□　十分ではない

第1章

ソーシャルワークの価値と視点

1 ソーシャルワーカーに求められる倫理

── 学習のねらい ──

　なぜ，あなたはソーシャルワーカーを目指すのだろうか。なぜ，ソーシャルワークを学ぶのだろうか。「人が好き」「向いていると言われたから」など，それぞれきっかけがあるだろう。援助を求めてくる人，何らかの支援が必要な人がいると「気の毒だ」「何とかしたい」と思うかもしれない。しかし，ソーシャルワーカーは，なぜ「援助」を行うのだろうか，そして「どんな状況の人」を対象とするのだろうか。今，職業としての「福祉サービス」とその実施が拡大する中で，この問いかけはソーシャルワークの根幹を問う重要な問いである。導入ワークでは，「やさしさ」について考える。また，展開ワークでは，ソーシャルワーカーの言動・行為の根拠について考える。

- **Keyword**：専門職の言動・行為，人間の尊厳，専門職の倫理

- **ワークに必要なもの**：ソーシャルワーカーの倫理綱領，社会福祉士の行動規範

1 導入ワーク──ソーシャルワーカーはやさしい人なのか

1．4〜5人のグループを作ろう。以下の事例を読んで気になったところに線を引いてその理由をメモして，感想を互いに伝えあってみよう。

── 事例 「私はやさしいから」 ──

　あなたは，山間部にある病院の医療ソーシャルワーカーで10年のキャリアがある。そして現在，社会福祉士のソーシャルワーク実習を行っているCさん（大学3年生）のスーパーバイザーをしている。今日は，入院患者Aさん（84歳）の妻Bさん（83歳）と，Bさんの希望により2回目の面接をする予定である。Bさんの許可をとり，面接にCさんを同席させた。Aさんの病気については現在検査中であり，退院の目途は立っていない。Bさんは，これからの生活を心配している。Bさんは，夫婦2人で元気に生活していたのに急に夫が倒れ入院してしまったこと，今後，夫は車いすを使う生活になりそうだと聞かされてびっくりしていること，Bさんは車の免許をもっておらず，病院にバスで通っているが，

6

第1章 ソーシャルワークの価値と視点

本数も少なく大変であること，今後どのように生活をすればよいのか，治るのかといったことを心配している。

　あなたは，Ｂさんの話をじっくりと聞いた後に，「突然の一人暮らしや，免許をもたないＢさんが病院に通うのはさぞ大変でしょう」と言葉をかけた。すると，多弁に話し続けていたＢさんが急に黙り込みうつむいて，深くうなずいた。その後，退院時の相談はその時の状況をみて，その方法や使える福祉サービスについて話をすることを伝え，面接は終了した。Ｂさんは「今日はご親切にありがとうございました」と深々と頭を下げて帰っていった。

　面接終了後，あなたは同席していたＣさんにソーシャルワーカーの面接の技法やクライエントへの態度についての感想を尋ねたところ，Ｃさんが「結局の所，親切にすればいいってことですね。私は親や友達にやさしい（人だ）って言われるから大丈夫です」と笑顔で言った。スーパーバイザーであるあなたは言葉を失ってしまった。

事例で気になった点，下線を引いた理由，感想	

２．この事例で気になったこと，下線を引いた所，その理由，感想をグループのメンバーと共有しよう。

氏　名	気になったこと，下線を引いた所，その理由，感想
①	
②	
③	
④	

2　展開ワーク──やさしい人の言動 VS ソーシャルワーカーの言動

1．導入ワークの事例でCさんの言った「やさしい人」に焦点を当てて考えてみよう。
やさしい人と，ソーシャルワーカーの違いはどんな所だろうか。ペアになって3つ挙
げてみよう。やさしい人の言動とソーシャルワーカーの言動は必ずしも対にならなく
ても構わない。具体的に浮かばない場合は，友人への言動と専門家としての言動と置
き換えて考えてみよう。

やさしい人の言動	ソーシャルワーカーの言動
例）（慰めようとして） きっと上手くいくよと励ます。	（専門知識などを根拠に） できること，できないこと等を伝える。

　竹内整一は「やさしい」（優しい・易しい）の一般的な辞書的語義を調べ，その7割
が「親切」の意味であるとした上で，実際の活用例から「やさしさ」の否定用法，否
定的な側面を4つに分類している。それを解釈してみると以下の通りになる。

（1）優位性としての「優しさ」

「有る」者が差し出す，または「施す」者が示す優位さとしての「優しさ」の事で
ある。ソーシャルワーカーは，要支援者に優位だから余裕があるから「優しさ」を示
すのだろうか。ここで示したやさしさが過度に表れると相手に劣等感を生じさせる。

8

第1章　ソーシャルワークの価値と視点

(2)　偽善性としての「やさしさ」

うわべだけの装いとしての「やさしさ」，これは以下の(3)(4)の意味へと続いていくが，本心ではなく，善いとされる事だからそのように振舞うやさしさを示す。ソーシャルワーカーは，善行を積むために人を助けるのだろうか。

(3)　脆弱性としての「やさしさ」

「やさしさ」には安易だ，容易だという意味の「易しさ」がある。無力性・無効性の認識としての「優しさ」。ソーシャルワークは，誰でもできる世間話の延長の「容易な」仕事なのだろうか。確かに町内の祭りに参加したり，バスの時刻表を確認したりといった支援活動には，専門性を感じないかもしれない。しかし，それはソーシャルワークが生活の問題にミクロからマクロまで「全面方位」に向けて働きかけるからであり，そのための手段となる活動の幅が広いだけであって易しいわけではない。

(4)　隠蔽性としての「やさしさ」

曖昧さをつつむ，「シロ・クロ」をはっきりさせない態度としてのやさしさ。人は，何もできない，嫌われたくない，真に迫りたくない，責任を負いたくない場合にやさしい態度をとることがある。この曖昧さとしての「やさしさ」がある。

ソーシャルワーカーは時に煙たがられ，嫌われ，疎まれる言動をする。そこには，個人としてではなく専門職としての志向からの態度が示される。

さぁ，ソーシャルワーカーはやさしい人だろうか。平塚良子は以下の通り，専門職の実践を心や優しさから述べることを批判している。

> 「わが国においては，福祉専門職としての発想や思考方法を育て福祉を科学する専門職の実践というよりは「心」（優しさ）が強調されることの方が多かった。… （中略） …『理屈は要らない』と公言する人々も少なくない。これ自体，福祉に対する関係者の実践に関する価値意識の反映である。もし，福祉の理屈（理論）が何であるか示すことができないというならば，人々の生活に貢献する一つの公的な社会制度としての位置づく意味はないに等しい。[2]」

ソーシャルワーカーの言動・行為は，その倫理綱領を根拠としている。その原則はソーシャルワーカーの倫理綱領の中の原理「人間の尊厳」「人権」「社会正義」「集団的責任」「多様性の尊重」「全人的存在」に則っている。倫理綱領に根拠を求め読んでみよう。

2．スーパーバイザーのあなたがCさんにかける言葉を，ソーシャルワーカーの倫理綱領・社会福祉士の行動規範を根拠にグループで考えてみよう。そこで挙げた根拠を基に，Cさんとの会話の続きを，倫理綱領等を引用しながらグループメンバーと作っ

てみよう。

倫理綱領・行動規範において根拠となる箇所

倫理綱領を根拠とした会話

Cさん「結局の所，親切にすれば（良心的に振舞えば）いいってことですね。自分はやさ
　　　　しい（人だ）って言われるから大丈夫です。」

あなた「私は決してやさしい人じゃないよ。やさしいからしているんじゃないよ……。倫
　　　　理綱領には……

　　　　　　　　　　　　　　　　　　　　　　　　　　　　　　　　　　　　　　　。」

ま と め

　専門職の行動は，決して個人による判断だけでは乗り切ることはできない。何をど
う決定して実行するか，倫理綱領はその根拠の指針となる。ソーシャルワーカーは，
嫌われたくないから「やさしく」する訳でも，「親切」だから「やさしく」する訳で
もない。それが職務であり，ソーシャルワーカーとしての行動であるから実行するの
である。

　人が不平等や抑圧された状況に置かれている時，病気や障害や老いの中で困難を抱
えている時，「社会正義」が実現されていない時，人は他の誰とも置き換えることの
できない個人として扱われていない時など，ソーシャルワークの目指す社会の実現に
向けてソーシャルワーカーは働いているといえる。倫理綱領は専門職として目指すべ
き価値や目的や，望ましい実践と向かうべき方向を指し示し，専門職のとるべき態度

や姿勢を明確にするもので，ソーシャルワーカーの行動は，この具現化である。

注
(1) 竹内整一『日本人は「やさしいのか」──日本精神史入門』筑摩書房，1997年。
(2) 平塚良子「人間福祉における価値」秋山智久・平塚良子・横山穣『人間福祉の哲学』ミネルヴァ書房，2004年，75頁。

知っておきたい用語

① ソーシャルワーカーの倫理綱領
② 社会福祉士の行動規範

[ソーシャルワーカーに求められる倫理]　理解度チェックリスト

1．導入ワークにおいて，事例の感想共有から他者の視点や意見の違いを受け止めることができた。

　　　□　よくできた　　　　□　できた　　　　□　十分ではない

2．展開ワークから，専門職の言動はやさしさや気持ちを根拠にしていないことを理解できた。

　　　□　よくできた　　　　□　できた　　　　□　十分ではない

3．展開ワークにおいて，ソーシャルワーカーの倫理綱領・社会福祉士の行動規範の内容を理解した。

　　　□　よくできた　　　　□　できた　　　　□　十分ではない

4．展開ワークのまとめから，ソーシャルワーカーはソーシャルワークの価値である「人間の尊厳」「人権」「社会正義」「集団的責任」等に依拠して行動していることを理解できた。

　　　□　よくできた　　　　□　できた　　　　□　十分ではない

5．展開ワークにおいて，専門職の行為の根拠が倫理綱領であることを理解できた。

　　　□　よくできた　　　　□　できた　　　　□　十分ではない

2 多様性の理解

学習のねらい

ソーシャルワークのグローバル定義では，「ソーシャルワークの中核」をなす原理の一つとして「多様性の尊重」が挙げられている。ソーシャルワーカーは，この原理を基に実践を展開していくことが求められるのである。ここでは，性的マイノリティである LGBTQ の人々の多様性の理解を通じて，その尊重の重要性と困難さについて学習する。導入ワークでは LGBTQ の人々について，どのように考えていくか検討し，さらに展開ワークでは，LGBTQ の人々が日常生活において困難を抱えていると考えられる「トイレ」について，グループごとに議論を行い報告してもらう。

• **Keyword**：多様性，LGBTQ，トイレ問題

• **ワークに必要なもの**：模造紙（グループ数分），水性カラーペンセット（グループ数分）

1 ワークの前に

（1）ソーシャルワーク専門職のグローバル定義と多様性の尊重

　IFSW（国際ソーシャルワーカー連盟）は，ソーシャルワークについての定義を行っている（巻末資料参照）。多様性の尊重は，その定義で，社会正義や人権の尊重と同様に，ソーシャルワーク実践の価値観を構成する重要な概念の一つであるとされている。

　そもそも価値観は，私たちの日々の生活に大きな影響を与えている。私たちが何を当たり前と考えるのかは，あくまでこの価値観が決めることになると考えられる。それでは，この価値観は果たして誰が規定するのであろうか。それは，その価値観を共有している集団（グループ）である。たとえば，自分の家で当たり前のように行われていることが，友達の家では行われていなかったという経験は誰にでもあるのではないだろうか。結婚して相手方の実家にお邪魔した時，自分の家の習慣と大きく異なっていたという経験が，既婚者であれば少なからずあるのではないだろうか。互いに結婚する者同士，すなわち，そもそも価値観が近い（と考えられる）者同士でも，その

12

ような経験がままあるということは，この世界に生きる何十億人という人々には，私たちの想像をはるかに超える多様性が存在すると考えられることになろう。自分が考える「当たり前」は，世界というレベルで考えた場合には，必ずしも当たり前とはいえないということを強く意識しておくことが求められるのである。

（2）LGBTQ の人々

近年において，この多様性について考えさせられるようになったことの一つとして，LGBTQ の人々の存在が挙げられる。それは，既存のセクシュアリティ概念ではとらえられない人々のことである。私たちの多くはこれまで，この世界には男性と女性しかいない，と考えてきた（性別二元論）。さまざまな申込書や申請書にも，氏名欄の横に，男か女かを選ぶ欄が記載されている。おそらくほとんどの人々は，男か女のいずれかを，何ら迷うことなく選択することが可能であると思う。一方で，そのどちらかを選ぶことに迷いを感じる人々が実際に存在している。「男・女」という表記を目にした時，それらのいずれも選ぶことができないと感じる人が，少なからずいると考えられるのである。

しかし私たちの社会は，これまでの長い間にわたって，このような人々の存在を無いものとしてきた。たとえば日本国憲法第24条には，「婚姻は，両性の合意のみに基いて成立し，夫婦が同等の権利を有することを基本として，相互の協力により，維持されなければならない」とある。そうすると必然的に婚姻（結婚）は，「両性の合意による」とあることから，同性愛カップルはその対象にならないことになってしまう。一方でアメリカでは2015年６月に，連邦最高裁判所が「同性婚を憲法上の権利として認める」とする判断を下している。これは同性愛カップルにとって，画期的な出来事であった。

もちろん日本でも，少しずつ同性愛カップルが社会的に認知されつつある。実際に東京都渋谷区では，同性のカップルを結婚に相当する関係と認める「パートナーシップ証明書」の発行を行っている。確かに，この証明書自体には法的拘束力はないものの，一方で区の条例は，不動産業者や病院など区内の事業者に，この証明書を持っているカップルを夫婦と同様に扱うことを求めている。

ここでは同性愛カップルについて述べてきたが，「既存のセクシュアリティ概念ではとらえることのできない人々」は，この同性愛の人々に限らない。いわゆる，LGBTQ と呼ばれる人々が存在するのである。

2 導入ワーク──LGBTQの人々を率直にどう考えるか

ここでは，LGBTQの人々について，どのように考えているのか，グループごとにディスカッションしてみよう。グループの人数は4～5人で行う。ただしその際には，LGBTQの当事者への最大限の配慮をしつつ，以下の点を中心に話し合ってみよう。

① LGBTQの人々と結婚制度。
② LGBTQの人々と子育て（養子を受け入れた場合）。

その後，グループ内でどのような意見が出たのか，お互いに他のグループの人々に向けて発表してみよう。

3 展開ワーク──LGBTQの人々とトイレ問題

LGBTQの人々が抱えている深刻な問題の一つに，「トイレ」の問題がある。私たちの多くは，男女に分かれているトイレに入る時，どちらに入ったらよいのかと迷うことはないと思われる。しかしLGBTQのような，「既存のセクシュアリティ概念ではとらえることのできない人々」にとっては，実に悩ましい問題である。先の性別欄と同様に，どちらも選び難い人々が実際にいるのである。同性婚を法的に認めたアメリカでも，この問題をめぐり，以下のような論争が起きている。

（1）サンフランシスコの小学校が男女別トイレを段階的に廃止(1)（2015年）

この小学校には，男女どちらの性にも合致しない児童が8人いた。校長は「生徒全員に安心感をもってもらいたい。同時に全員が一様に平等であることを理解してもらいたい」という声明を発表した。そしてそれを受け，小学校が男女別トイレを段階的に廃止していくことになった。

（2）ノースカロライナ州で「トイレ法」が成立(2)（2016年）

　ノースカロライナ州では，トランスジェンダーの人々が政府や学校の施設内で，出生証明書に記載された性別のトイレを使用するよう規定した新法が成立した。アメリカ司法省長官は，それを受けて，「州が個人のアイデンティティの領域に立ち入ることは，私たちの誰もが支持できない」と批判している。一方でノースカロライナ州知事は，この司法省長官の意見に反対の立場をとり，新法の内容は「常識的なプライバシーに関する政策だ」と反論している。

　このように「トイレ」というのは，私たちの日常生活に欠かせない大切な「施設」だからこそ，LGBTQ のような性的マイノリティの人々にとっても，悩ましい問題となってくる。そこで皆さんが，仮にある小学校の先生たちであるとする。そしてすでに，全校児童の中に複数の LGBTQ の人々がいることがわかっている。これからグループ内で「職員会議」を開き，「トイレ」の問題をどのように解決していったらよいか，審議してほしい。結果はグループごとに，カラーペンで模造紙にまとめよう。そして，以下の点について，グループごとに展開ワークの内容報告をしよう。

　　①　学校として LGBTQ の「トイレ問題」について，具体的にどのように対応
　　　　していくのか（審議の後に至った結論）。
　　②　①の結論に至るまでに，どのような意見がグループメンバーから出されたの
　　　　か（審議の経緯）。
　　③　①の結論を出した理由（結論の根拠の提示）。
　　④　結論に対して想定される反対意見の内容と，反対意見に対する反論。

　さらにもし時間があれば，他のグループのメンバーから，質問を受けそれに答えてみよう。果たして自分たちの審議が，十分であったのか，またはそうでなかったのか，質疑応答を繰り返し行うことによって，より理解が深まるだろう。

■　ま　と　め

　前述したように多様性の尊重は，ソーシャルワーカーの原理ともいうべき価値観である。したがって，何らかの課題について審議する際にも，やはり個々の意見の多様性を尊重していくことが求められてくる。その意味では，展開ワークの報告内容②の部分で，メンバー間において多様な意見が実際に出されたかどうかを確認できなければならない。

　一方で多様性の尊重という「理念」は重視しつつも，「トイレ」をどうするのかと

いう喫緊の課題に対しては，すぐにも何らかの見解を出すことが求められてくる。結論の先延ばしは，当事者が（今回のケースの場合は，LGBTQ の児童も，同時にそうでない児童も）大きな迷惑を蒙ることになりかねない。（トイレ等についての）制度や政策は，すぐに何らかの対応が求められるのである。

　LGBTQ が抱えている問題は，日本においても，もっと議論がなされてよい人権にかかわる課題である。多様性の尊重という理念を掲げる専門職であるソーシャルワーカーこそが，その解決に携わっていくのにふさわしいと考えられはしないだろうか。

　　注
　(1)　ヘルプレ「どうする『LGBT』のトイレ問題⁉　アメリカの小学校で"男女別"を段階的に廃止」2015年 9 月29日（http://www.HealthPress_201509_lgbt_2.html 2016年12月 1 日アクセス）。
　(2)　ニューズウィーク日本版（ウェブ版）「トランスジェンダーめぐる『トイレ法』，米政府と州が互いに訴訟へ」2016年 5 月10日（http://www.newsweekjapan.jp/stories/world/2016/05/post-5060.php 2016年12月 1 日アクセス）。

［多様性の理解］　理解度チェックリスト

1．導入ワークにおいて，LGBTQ の人々が置かれている状況について理解できた。
　　　　□　よくできた　　　　□　できた　　　　□　十分ではない

2．展開ワークにおいて，「トイレ問題」という LGBTQ の人々が抱えている問題を理解できた。
　　　　□　よくできた　　　　□　できた　　　　□　十分ではない

3．グループでのディスカッションの中で，個々のメンバーの意見を尊重しながら話し合いを進める方法を理解できた。
　　　　□　よくできた　　　　□　できた　　　　□　十分ではない

第1章　ソーシャルワークの価値と視点

—— コラム1　「多様性の理解」について考える ——

　今回の演習では，「性的マイノリティ」の人々について考えてもらった。よくよく考えてみると，これはとても大きな課題だと思う。私たちの社会では，多くの事柄が，身体的な性に基づいて決められていると思われる。たとえば「色」について考えてみても，男の子は「青」，女の子は「赤」や「ピンク」を好むのだと，あらかじめ決められているということはないだろうか。

　でも，「赤」や「ピンク」を好む男の子がいてもよいし，「青」を好む女の子がいてもよいはずである。ランドセルの色も，最近はかなり多様化してきているとはいえ，やはり男の子系の「色」と女の子系の「色」は，まだまだあるように思う。職業にしてもそうである。政治家や企業経営者に男性が圧倒的に多かったり，また保育の仕事に女性が多かったりするのも，私たちの社会の男女にまつわる「価値観」が，色濃く反映されているように思える。

　そもそもこういう事態が生じてしまうのは，私たちがごく自然に抱いている「きっと他のみんなも自分と同じように感じたり，考えたりしている」という思い（思い込み？）があるからではないだろうか。でもそれは，果たして本当に正しいといえるだろうか。

　筆者が授業で「多様性の理解」について話をする時，受講者に次のようなことに考えてもらっている。

　まず筆者は，教室の黒板に赤のチョークで線を引く。そして教室にいる人達に向かって，「これは赤色の線ですね」と述べる。次にこの赤色の線の隣に，青いチョークで線を引く。その上で，「これは青色の線ですね」と述べる。さらにその上で，「もしかしたら自分が赤に見えている線は，隣の友達には，あなたにとっての青に見えていて，逆にあなたにとっての青色の線が，隣の友達にはあなたにとっての赤に見えているかもしれませんね」と問いかける。

　実は隣にいる人と全く同じ色が見えているかどうかは，原理的には確認することができない。「自分が見えていることや考えていることは，私にとって当たり前でも，他の人とは違うかもしれない」という前提に立つことが，「多様性の理解」には必要だと思う。

　他の人が世界をどのように見ているのかは，その当人に率直に聞いてみないとわからない。自分に見えている世界や自分の考えをいったん脇に置いて，虚心坦懐に他の人の「語り」に耳を傾けてみるということが，まさに求められているのではないだろうか。

（田嶋英行）

17

3　　　　人権と人間の尊厳・集団的責任

学習のねらい

　2014年のソーシャルワーク専門職のグローバル定義の中に盛り込まれた集団的責任について，身近な例からどのようにソーシャルワークとつながっているかを考えてみよう。

　導入ワークでは，身近な経験の中に人権が侵害されたり，集団的責任の問題があることに気づき，私たちの暮らしの中にも人権を考える機会が多くあることを学ぶ。展開ワークにおいては，福祉を学ぶ学生が感じた内容から，集団的責任について考える。

・**Keyword**：集団的責任，いじめ，フェアトレード，児童労働

・**ワークに必要なもの**：特になし

1　導入ワーク──仲間はずれ

1．中学時代のクラスで，仲間はずれになっている人を見たり，集団でからかったりしている場面を見たりした人はいないだろうか。次の事例から，それぞれの立場の人の気持ちを考えてみよう。

事例　クラスの中での仲間はずれ

　クラスの中で背が低い男子生徒Ａは，いつも周囲の皆からからかわれていた。本人はいつもニコニコと笑いながら，「やめろよ」と言って特に気にしている様子もなかった。ある日，いつものように，生徒Ｂ，ＣらがＡの体操着を取らせないように投げ合ってからかっていた。しかし，その日のＡはいつもと違い，笑顔がなく，必死で取りにいこうとしていた。からかう生徒はだんだん人数が多くなり，クラスの半分近くの生徒がそれに加わっていった。直接からかいに加わっていない生徒も面白そうに，遠巻きに眺めていた。授業開始のチャイムが鳴ってもそれは続き，Ａはついに泣いてしまい，それがまたからかいの対象になっていった。その時，担任が教室に入ってきて，その状況を見て，急遽学級会で話し合いが行われることになった。

第1章　ソーシャルワークの価値と視点

	①　生徒A	②　からかっている 生徒B，C	③　周りで見ている人たち（D）	④　担任E
どんな気持ちだろうか。				

2．実際に5人一組になって，ロールプレイをしてみよう。ロールプレイをしてみて，自分が行った役についてどのような気持ちになったのか書いてみよう。

　①　からかわれて泣いてしまうA

　②　からかっている人たち：B・C

　③　周りで見ている生徒：D

　④　担任：E

―― ロールプレイ（　　　　　）役の気持ち ―――――――――――――

3．Aが，奪われているものは何かを考えてみよう。

19

4．あなたがクラス担任だとしたら，どのようなことを学級会で話し合うだろうか。

5．学級会で，担任はクラス全員に次のような話をした。

――― 事例　担任の話 ―――

担任　「Ａくんがどんな気持ちになったか皆，考えたことがあるか？　もし自分がそんなことをされたら，どんな気持ちになるか想像できるようになるのが大人になるということだ。これは，からかった側の生徒だけの問題ではない。クラス全体の問題だ。直接関係がないと感じている人も，なぜ全体で話し合わないといけないのかをよく考えてみてほしい。」

担任の話した言葉について，考えてみよう。担任が言いたかったことは，どのようなことだろうか。

2　展開ワーク――集団的責任をどのようにとらえるか

次の事例を読んで，問いに答えてみよう。

――― 事例　福祉を学ぶ学生の思い ―――

　Ｆさんは，社会福祉士を目指して大学に入学した１年生である。社会福祉の専門科目を学ぶことに大変意欲的で，授業にも真面目に出席している。Ｆさんはある日の授業の中で，児童労働について学んだ。それは，Ｆさんが大好物であるチョコレートがどのように作られているかについての話で，その中でカカオを集めるために，子どもたちが厳しい労働を強いられ，安い賃金で駆り出されているというものであった。そして先進諸国が安くカカオを購入し，チョコレートとして生産されているということを知った。先進国の搾取が少しでも軽減される方法の一つとしてフェアトレード商品があることも学んだ。Ｆさんは，自分が大好きなチョコレートがそのような児童労働の上に成り立っていることにショックを受けた。そして，自分が大学でのんびり授業を受けている間にも，子どもたちが働かされていることが頭から離れず，大学を辞めて，カカオの産地の一つであるガーナへ子どもたちを救いに行かなければいけない[1]と決心した。

　次の授業の時に，Ｆさんは一緒にガーナに行く学生がいるだろうとクラスの友人に話をもちかけた所，怪訝な顔をされた。Ｆさんは友人が児童労働について無関心であることに驚くと同時に怒りを感じた。今ある問題を解決することに無関心な学生が多くいる中で，Ｆさんは大学で学ぶ意味を見出すことができず，退学してガーナに行くことを教員に相談するうちに泣き出してしまった。

第1章　ソーシャルワークの価値と視点

１．下線部①のＦさんは，どのような気持ちだろうか。

２．Ｆさんの決心は，社会の出来事について現在生きている自分の暮らしとのつながりを感じる意味で，集団的責任として解釈できるが，飛躍しすぎて一般的な解決方法とは考えがたい。それならば，Ｆさんが現在の学生である身で現実にできることはどんなことがあるだろうか。考えてみよう。

３．ソーシャルワーカーの視点で重要な事柄について，マクロな視点に立って考えてみよう。

４．次のテーマについて話し合ってみよう。

　　会社において過去に起こった不正事件を，直接関係していない現在の責任者があやまるのは何故か考えてみよう。

まとめ

　自分たちの身の回りに起こっていることで，まったく無関係に思っていたことが，実は思わぬ所でつながっていることに驚いたことはないだろうか。現代社会は，グローバル化が進み，経済においても一国で完結することは難しい。情報ツールの進歩によって一瞬のうちに情報が世界を駆けめぐることによる影響も大きい。それぞれの地域や国家は，相互に影響し合っており，遠い国の蝶の羽ばたきが台風の進路にまで影響するといったバタフライ効果のように，今や世界は経済的にも文化的にも互いに大きな影響を受けている。それは，ある現象を知らない人も，もはや，その現象の関係者なのである。また，直接の加害者でなくとも，そこにいる人，あるいはある国に生まれたこと自体が，過去に起こった出来事に無関係でないことを示してもいる。

　「集団的責任」は，ソーシャルワーク専門職のグローバル定義の中に新しく含まれたものである。

　社会がそれぞれの地域・国家等の共同体の共通の価値観をもつ中で，ケアや社会保障を説明するための考え方には，リベラリズム（自由主義），リバタリアニズム（自由至上主義），コミュニタリアニズム（共同体主義）など歴史的にさまざまなものがあるが，いずれの場合も人は社会に属している意味で共同体の中の一員として存在している。共同体とは，地域・組織・国家などであり，我々は何らかの共同体に所属している。そして，ほぼ全員が共同体の中の価値観を共有している。社会で起こる出来事は，個人のみの責任と考えるのでなく，共同体成員の一人として責任を負うという考え方がある。それは，クラスの中での仲間はずれの問題は，仲間はずれをしたりされたりした生徒だけの問題ではなく，クラスの成員として集団で責任を負うという考えである。

　たとえば，アメリカにおける黒人への差別問題は，白人社会全体が責任を負うべきであるとする考えである。これは，M. J. サンデルのいうコミュニタリアニズム（共同体主義）[1] の考え方と重なっている。

注
(1) サンデル，マイケル／鬼澤忍訳『これからの「正義」の話をしよう——いまを生き延びるための哲学』早川書房，2010年。

―― 知っておきたい用語 ――
　① 児童労働
　② フェアトレード
　③ バタフライ効果

［人権と人間の尊厳・集団的責任］　理解度チェックリスト

1．導入ワークにおいて，それぞれの立場の人の気持ちを考えることができた。
　　□　よくできた　　　　□　できた　　　　□　十分ではない

2．導入ワークにおいて，学級会で何を話し合うのかを色々考えることができた。
　　□　よくできた　　　　□　できた　　　　□　十分ではない

3．導入ワークにおいて，直接行動していない生徒もクラス全体の中で負わなければ
　ならない集団的責任を理解できた。
　　□　よくできた　　　　□　できた　　　　□　十分ではない

4．展開ワークにおいて，集団的責任についての考え方を理解できた。
　　□　よくできた　　　　□　できた　　　　□　十分ではない

5．展開ワークで集団的責任につながる現実的な対応について考えることができた。
　　□　よくできた　　　　□　できた　　　　□　十分ではない

6．展開ワークにおいて，さまざまな集団的責任について考えることができた。
　　□　よくできた　　　　□　できた　　　　□　十分ではない

4 社会正義

学習のねらい

　ソーシャルワーカーは，クライエントのニーズや最善の利益を第一にした支援が求められる。一方，クライエントが生活をする基盤である社会全体にも視野を広げる必要がある。社会の構成員の一人としてのクライエントの生活の再構築を志向するとともに，社会全体の安定や公正も視野に入れる必要がある。ここではソーシャルワーカーに求められる「社会正義」について理解を深めることをねらいとする。まず，導入ワークでは，社会正義の概念について意見を共有する。展開ワークでは，事例を通じて社会正義への理解を深めることとする。

- **Keyword**：基本的人権，自由権，社会権，公共の福祉，自由，平等，共生

- **ワークに必要なもの**：ワークシート（それに代わる白紙）

1 導入ワーク──社会正義とは？

1．「社会正義」について，各自で自由に考えたことについて，記入してみよう。

- 「社会」とは何か？

- 「正義」とは何か？

- 「社会正義」とは何か？

第1章　ソーシャルワークの価値と視点

2．グループに分かれて，全員が自分の記入したことを発表してみよう。そして，お互いの考えを聞き，気づいたことを書いてみよう。

┌── 他の人の発表を聞いた感想 ──────────────────┐
│   │
│   │
│   │
│   │
│   │
└──┘

2 展開ワーク──事例にみる社会正義

次の事例を読んで，「個人」の立場，「社会」の立場から論点を考えてみよう。その上で，「社会正義」とは何か考察を深めよう。

┌── 事例　障害者施設の建設 ──────────────────┐
│　自分の居住している地域に，障害者施設建設の話がもち上がった。地域住民に建設計画の説明会が開催され，住民たちの間には，さまざまな考えがあることがわかった。障害者が地域の一員として暮らすことは意義のあることだが，地域で暮らしている個人としては，地域に障害者が増えることによって，これまでの暮らしを脅かすようなことが起こるのではないかという不安の声があり，総論は賛成だが自分の居住する地域では建設反対の意見があった。一方で，建設賛成の人々は，「障害や社会的困難を抱えている人たちも，コミュニティの中で地域の一人として生活すべきである」という考え方こそこれからの社会の中で重要なことであるという意見を述べた。
└──┘

1．説明会の参加者にはさまざまな考えの人がいた。個人的な立場から考えた人々（立場A），社会全体のしくみとして考えた人々（立場B）を代表として，それぞれの考え方の背景にある考え方，強みや弱み，あなたの考えに近い考え方の項目にそれぞれ，記入してみよう。

	立場A【個人】	立場B【社会】
意　見	障害者はコミュニケーションも難しく，関わることに不安が大きい。できれば近隣に福祉施設は建って欲しくない。もしかすると治安が悪くなったりするかもしれない。総論は賛成だが，自分の周りに建設するのは困る。	障害者を支える福祉施設やセンターを行政所有の空いている土地に誘致したい。近隣の人の居場所機能も備える。近隣の人たちの生活困難の状況にも支援の機能を発揮することができる。地域住民誰もが利用するはずである。

25

背景にある考え方		
強　み		
弱　み		
検討課題	立場Aの考え方を尊重することによる社会的デメリットは,	多様な考え方をもつ人が地域で暮らすために必要なこととは,
あなたの考えに近い方に○を付ける		

2．皆さんがソーシャルワーカーとして関わる場合，さまざまな立場の人々にどのように関わっていくであろうか。さまざまな考え方の人への対応方法を考えてみよう。

	立場Aの考え方の人へ	立場Bの考え方の人へ
ソーシャルワーカーとしての対応方法		

3．専門職として関わる際に，社会正義をどのようにとらえただろうか？　考えてみよう。

第1章 ソーシャルワークの価値と視点

4. グループごとに共有された内容を発表し，クラス全体で共有しよう。

　各グループの発表された内容を記述して，クラス全体の共有点を書いてみよう。

- グループ1：

- グループ2：

- グループ3：

- クラス全体で共有された内容：

5. 「社会正義」のとらえ方について，自由にディスカッションしてみよう。

ま と め

　クライエントは社会（地域，施設等の集団生活）の中で生活している。本人の希望（主訴）のみを最優先して支援を行うと，周辺の人に迷惑をかけてしまう場合や周辺の人との利益と相反する場合も生じる。クライエント本人の周辺にいる人＝他者（家

族，近隣の住民，同じ施設等で生活を送る人，専門職）が考える支援や生活維持の方向性やアプローチと，本人が表明する希望とが異なっている場合もある。

われわれソーシャルワーカーは，クライエント個人の利益や希望と，周辺にいる他者が考える支援の方向性が異なっている場合，ジレンマ状態に陥ることがある。「ソーシャルワーカーの倫理綱領」(2020) の「原理」には，社会正義に関する項目がある（巻末資料参照）。

「倫理綱領」には，「社会正義」のありようの定義は与えられていないが，その条件として「差別，貧困，抑圧，排除，無関心，暴力，環境破壊などの無い」こと，「自由，平等，共生に基」づいていることが記されている。

「社会正義」は固定的な定義を与えにくいと言える。私たちは「正義に絶対の正解がない」ということを理解しておく必要がある。「自由か干渉か」，「個人の自由」と「公共の福祉／社会の安定」との対立など，個人も見ながら社会も見るソーシャルワーカーは仕事の上でジレンマ状況が生じやすいことにも留意しよう。

 ── 知っておきたい用語 ─────────
 ① 個人の権利，基本的人権
 ② 公共の福祉
 ③ 自由権，幸福追求権
 ④ 社会権

参考文献

バンクス，サラ／石倉康次・児島亜紀子・伊藤文人監訳『ソーシャルワークの倫理と価値』法律文化社，2016年。

ファーガスン，イアン／石倉康次・市井吉興監訳『ソーシャルワークの復権──新自由主義への挑戦と社会正義の確立』クリエイツかもがわ，2012年。

サンデル，マイケル／鬼澤忍訳『これからの「正義」の話をしよう──いまを生き延びるための哲学』早川書房，2010年。

[社会正義]　理解度チェックリスト

1．導入ワークにおいて，「正義」や「社会」について理解を深めることができた。

　　　□　よくできた　　　　□　できた　　　　□　十分ではない

2．導入ワークにおいて，「社会正義」について理解を深めることができた。

　　　□　よくできた　　　　□　できた　　　　□　十分ではない

3．展開ワークにおいて，「事例」や「課題」には多面的なとらえ方があることを理解できた。

　　　□　よくできた　　　　□　できた　　　　□　十分ではない

4．展開ワークにおいて，「個人」の立場のとらえ方と，「社会」の立場のとらえ方の違いについて理解できた。

　　　□　よくできた　　　　□　できた　　　　□　十分ではない

5．展開ワークにおいて，ソーシャルワーカーとして関わる際にどちらを優先すべきか考えることができた。

　　　□　よくできた　　　　□　できた　　　　□　十分ではない

6．展開ワークにおいて，ソーシャルワーカーの複眼的視点から社会正義について考えることができた。

　　　□　よくできた　　　　□　できた　　　　□　十分ではない

5 自己覚知——自分の価値観を知る

学習のねらい

　ソーシャルワーカーは対人援助において，さまざまなクライエントと出会う。その価値観は一人ひとり異なっている。面接の際に，ソーシャルワーカー自身がどのような価値観を基に物事を判断しているのかを自覚することは，クライエントを好き嫌いで判断したり一方的に審判したりするリスクを防ぐことができる。導入ワークでは，日常の好き嫌いを通して自分の判断の根拠となる価値観を意識する。展開ワークでは，相談に対する自分の考えを認識する。

　価値観は変化するものであるし，どの価値観が正しいか否かではないことも認識し，自分と異なる価値観をもつ人を尊重することを学ぶ。

• Keyword：自己覚知，価値観

• ワークに必要なもの：特になし

1 導入ワーク——身近な好き嫌いから自分の価値観について気づく

1．食べ物（料理，食材など）の好き嫌いを5つずつ挙げてみよう。また，その食べ物にまつわるエピソードを思い出して記入してみよう。

好きな食べ物	・ ・ ・ ・ ・	エピソード：
嫌いな食べ物	・ ・ ・ ・ ・	エピソード：

第1章　ソーシャルワークの価値と視点

　個人で記入したら，4～5人のグループに分かれて，それぞれの好き嫌いを発表しよう。他の人の好き嫌いを聞いてみて，どう感じただろうか。感じたことを書いてみよう。

```


```

2．次に，次の項目について，自分自身が考えることと，自分が感じている自分を育てた人の考えを記入しよう。養育者に直接聞くのではなく，各自で養育者の考えを想像して記入しよう（事前または事後に課題として出してもよい）。

	あなた自身の考え	養育者の考え
結婚する時期		
お金を稼ぐこと		
子どもが好きか嫌いか		
男女の役割		
血液型と性格		
価値観について記入して感じたことのまとめ		

　自分の考えと養育者の考えを比べて，どうだっただろうか。気づいた点を，書いてみよう。

```


```

31

3．あなたの考え方，価値観に影響を与えた人・ものは何だろうか。できるだけたくさん書いてみよう。

2　展開ワーク──自分の価値観を知る

ある人生相談で，次のような手紙が来た。あなたなら，どのように答えるだろうか。

┌─── 事例　人生相談に来た手紙 [(1)] ─────

「家事・育児の負担が私にかかるばかり。'離婚'も頭をよぎるこの頃です」。

私は32歳の公務員で，2歳の女児がいます。パートナーは同い年で出版社の編集者をしています。私たちは同じ大学の同級生どうし。結婚に際しては，お互いに仕事も家庭も両立できるように，助け合っていくことを約束して結婚生活をスタートしました。私にとってもパートナーにとっても，この約束はごく自然なことでしたし，家事分担も何の問題もなく順調な日々を送っていました。

ところが子どもが生まれてから，この歯車が狂い始めてしまいました。というのも，育児や家事の大半が私の肩にかかってしまっています。もともと定時に帰宅しやすい私の仕事と違って，パートナーの仕事は不規則でしたが，最近は年齢的にも仕事に脂が乗ってきたようで，連日帰宅が遅くなります。パートナーが育児や家事を分担できるのは，せいぜい休みの日ぐらい。子どもも私にばかりなついています。

私は家事も育児もきらいではありません。しかし，これでは仕事も家庭も互いに分かち合っていこうといった約束はいったいどうなってしまったのでしょうか。これをパートナーに言っても，「今の自分のほうが忙しいのだから，時間の都合のつくほうが助けてくれてもいいのではないか？　二人が同じことをするのが必ずしも分かち合いではない。できる人ができることをするのも，分かち合いではないのか？」と言って，いっこうに取り合う気配がありません。これでは何のために結婚したのかと疑問ですし，最近では「離婚」の文字が頭をかすめるようになっています。

こうした私たちの様子をうすうす察知している私の母からも，別れることをそれとなくすすめられています。

第1章　ソーシャルワークの価値と視点

1．事例を読んで，あなたならどのように答えるだろうか。あなたの回答を，600字程度で書いてみよう。

2．自分の回答の考え方の背景には，どのようなことが根拠になっているか考えてみよう。

3．導入ワークで記入したこと等から考えて，現時点で自分自身がどのような価値観をもっているか説明してみよう。

ま と め

　日常の何気ない好き嫌いを通して，一人ひとりの好みの違いに気づく。食べ物の好き嫌いという単純な図式だけでなく，そこから考え方の違いについて視野を広げてみよう。色々なテーマについて，自分自身の考えと養育者がどのように考えていると自分は考えているかを，比較してみよう。比較してみると，自分の考え方が驚くほど，養育者と似ていたり，あるいはまったく逆だったり等，養育者に対しての自分の見方も客観的に見ることができる。

　たとえば結婚について，ある養育者は，経済的，家族環境的，教育的背景等が似た者同士がお見合い結婚することが最良だと考えているかもしれない。それに対して，別の養育者は，恋愛感情を最も重視すべきと考えているかもしれない。また，結婚そのものに関心がない人がいるかもしれない。これらの考え方の背景には，結婚を恋愛の成就したものととらえるのか，家族を形成するための手段ととらえるのかといった異なる価値観がある。家族とは，G. マードックによる「性機能」「経済機能」「生殖機能」「教育機能」を持つシステムであるという考え方がある一方で，W. オグバーンのいうように，愛情機能や精神安定機能を強調する考え方もある。いずれにしても，自分の価値観を意識することが重要である。自分の考えを意識し，その考え方の背景にある理論や時代による変化にも関心を広げて考えてみよう。たとえば血液型と性格の関係性等のように，根拠がないにもかかわらず思い込んでいる場合，それらは偏見につながっていくかもしれない。

　このように，自分の価値観を知ることによって，もし利用者の価値観に触れた時に，自分の態度が自分の一方的な考え方であるかどうかを意識したりすることができるようになる。

　また，自分の価値観を知るとともに，ソーシャルワーク専門職として身に付けるべき価値についても，自分の価値観として咀嚼しておくことも重要である。

注
(1)　大日向雅美『増補 母性愛神話の罠』日本評論社，2015年，90-91頁。

［自己覚知——自分の価値観を知る］　理解度チェックリスト

1．導入ワークにおいて，自分の食べ物の好き嫌いをエピソードとともに記入できた。
　　　□　よくできた　　　　□　できた　　　　□　十分ではない

2．導入ワークにおいて，自分の考えと養育者の考えについて記入できた。
　　　□　よくできた　　　　□　できた　　　　□　ではない

3．導入ワークにおいて，自分の考えの影響を受けた人・ものについて記入できた。
　　　□　よくできた　　　　□　できた　　　　□　十分ではない

4．展開ワークにおいて，人生相談の回答を600文字程度で時間内に回答できた。
　　　□　よくできた　　　　□　できた　　　　□　十分ではない

5．展開ワークにおいて，自分の回答の根拠について説明できた。
　　　□　よくできた　　　　□　できた　　　　□　十分ではない

6．展開ワークにおいて，自分の価値観について説明することができた。
　　　□　よくできた　　　　□　できた　　　　□　十分ではない

6 感情理解と活用

学習のねらい

　ソーシャルワーカーは，さまざまな場面で感情に対応しながら支援を進めていく。その感情には，ポジティブなものよりネガティブなものが多い。相手の多様な感情に適切に対応していくためには，感情とは何かを知り，どのように対応するべきかを学ぶ必要がある。

　そこで導入ワークでは，自らの感情を見つめ直すとともに，ネガティブな感情をとらえなおし，自らの多様な感情を自覚する。さらに展開ワークでは，ソーシャルワーカーとしての感情のコントロール方法を学ぶ。

• **Keyword**：クライエントの感情への対応，ソーシャルワーカーとしての感情コントロール，転移と逆転移

• **ワークに必要なもの**：特になし

1 導入ワーク──自分の感情の再確認

1．自分の感情を改めて見つめ直し認識するため，自分が次の感情をもつのはどのような時かを挙げて再確認し，グループで共有してみよう。

┌─── 心の底から楽しくなる時 ───────────────────

└────────────────────────────────────

┌─── 声をあげて泣きたくなる時 ──────────────────

└────────────────────────────────────

┌─── 思わず怒ってしまった時 ──────────────────

└────────────────────────────────────

第1章　ソーシャルワークの価値と視点

2．ネガティブな感情を多角的にとらえる機会を持つため，次の感情のうちグループで1つを選び，その感情の良い面・悪い面を5つずつ挙げてみよう。

「嫉妬」「負担感」「自己嫌悪」「憎しみ」

＿＿＿＿＿＿の良い面	＿＿＿＿＿＿の悪い面
・ ・ ・ ・ ・	・ ・ ・ ・ ・

2　展開ワーク──援助場面での感情のコントロール

1．次の事例について患者の家族役，ソーシャルワーカー役，観察者役を決め，ロールプレイをしてみよう。ロールプレイが終わったら，振り返りシートを使ってすべての役の人からの感想を出し合ってみよう。ソーシャルワーカー，患者の息子は性別を変えて行っても良い。

――― 事例　別れた彼とよく似たクライエントに心乱されるソーシャルワーカー ―――

　ある日，医療ソーシャルワーカー2年目のAさんのもとに，20代半ばくらいの男性が母親の介護のことで相談にやってきた。2人暮らしの50代の母親は若年性認知症と診断され，徐々に物忘れが激しくなってきているという。息子は働いているために日中母親と一緒にいることができず，今後，どのような支援が受けられるのか知りたいとのことであった。

　ところがAさんは患者である母親よりも，その息子から目が離せなくなっていた。というのは，半年前に親の介護のために故郷に戻り，自然消滅的に連絡を取らなくなった以前交際していた彼と，その男性が境遇も容姿も似ていたためである。

　昔の彼は交通事故で寝たきりになった母親を介護するために，Aさんが住む町から飛行機に乗らなければ行けない故郷へと戻っていった。最初は頻繁に電話やメールをしていたものの，お互いが忙しくなり徐々に連絡を取らなくなってしまっていた。Aさんはこのままではいけないと思いつつ，つい仕事に追われて状況を変えられないままになっていた。そんな時，昔の彼に似ている患者の息子が現れたため，何とかこの人の力になりたいと思った。そのため，いつも以上に初回面接の時間が長くなってしまった。そして，次回の面接日が待ち遠しくなっている自分がいた。

　2回目の面接時に患者の息子から，「自分は福祉のことはわからないため，母親の入居を考えているグループホームの見学に，こんど一緒に行ってくれませんか」と言われた。さらに，「見学が終わったら，お礼に食事でもしましょう」と誘われた。Aさんの勤める病院では，これまで1人の患者の入居先にまでソーシャルワーカーが同行することはなく，患者や家族に任せていた。しかしAさんは，自分の揺れる気持ちを抑えられなくなっていた。

37

―― 振り返りシート ――

• (　　　　　) 役を行ってみて気づいたこと・感じたこと

• 全体を通して気づいたこと・感じたこと

2. 自分が事例のソーシャルワーカーAさんだとしたら，ソーシャルワーカーとして
どのように感情をコントロールすればよいかを考えてみよう。

ま と め

　ソーシャルワーカーを含む対人援助職の仕事は，時に感情のコントロールが求めら
れる。たとえば，クライエントが嬉しそうにしている時に，ソーシャルワーカーも多
少なりとも嬉しそうな素振りを見せることは，援助を行う上で支障はないだろう。し
かし，クライエントが泣いている時にソーシャルワーカーも一緒に泣いてしまったり，
クライエントがイライラしている時にソーシャルワーカーも一緒にイライラしてしま
うならば，援助上の支障が出てしまう。

　このようにならないためには，何らかの形でソーシャルワーカーが自らの感情をコ
ントロールして関わっていく必要があり，そうでなければさまざまな感情をもつ人に
対して，援助することが難しくなるだろう。

　バイステックは，ソーシャルワーカーがクライエントと自らの感情面に配慮が必要
な原則として，以下のものを挙げている。[1]

　① 目的をもってクライエントの感情を適切に表現させること（意図的な感情の
　　 表出）。

② ソーシャルワーカーが自らの感情を適切にコントロールしてクライエントに
　関わること（統制された情緒的関与）。

③ ありのままのクライエントを理解し受け入れること（受容）。

④ クライエントを裁かない態度（非審判的態度）。

　以上の原則の下，ソーシャルワーカーは常にクライエントと自らの感情に敏感に対処しなければならない。

　また，面接技法の一つに感情の反映技法がある。これは，相手の感じている感情を把握し，命名し，伝え返す技法であり，面接を行う上で多く用いられる。この技法を用いることで，よりクライエントの受容が可能になるといわれている。

　さらに，ソーシャルワーカーには感情転移と逆転移の理解が求められる。クライエントがソーシャルワーカーに対して他者に向けるはずの感情を投影することを転移，ソーシャルワーカーがクライエントに対して何らかの強い感情をもつことを逆転移という。ソーシャルワーカーは，それらについて日常的に意識して対応することが求められる。

―― 知っておきたい用語 ――――――――――――――――――――――――
① 転移
② 逆転移

注
⑴　バイステック，F. P.／尾崎新・福田俊子・原田和幸訳『ケースワークの原則――援助関係を
　　形成する技法　新訳改訂版』誠信書房，2006年。

参考文献
岩川直樹・落合由利子『感情の ABC』草土文化，2002年。
大平英樹編『感情心理学・入門』有斐閣，2010年。
サーニ，C.／佐藤香監訳『感情コンピテンスの発達』ナカニシヤ出版，2005年。

[感情理解と活用]　理解度チェックリスト

１．導入ワークにおいて，自らの感情を見つめなおすことができた。
　　　　□　よくできた　　　　　□　できた　　　　　□　十分ではない

２．導入ワークにおいて，ネガティブな感情を理解できた。
　　　　□　よくできた　　　　　□　できた　　　　　□　十分ではない

3．展開ワークにおいて，ロールプレイでそれぞれの役割を果たすことができた。

    □　よくできた　　　　□　できた　　　　□　十分ではない

4．展開ワークにおいて，ロールプレイでそれぞれの役割の感情について気づくことができた。

    □　よくできた　　　　□　できた　　　　□　十分ではない

5．展開ワークにおいて，ソーシャルワーカーとしての感情コントロールのあり方について考えることができた。

    □　よくできた　　　　□　できた　　　　□　十分ではない

6．全体を通して，感情に関する理解が深まった。

    □　よくできた　　　　□　できた　　　　□　十分ではない

第1章　ソーシャルワークの価値と視点

―― コラム 2　人を理解するということ ――――

　あなたのことを一番よく知っているのは誰だろうか？　あなたは自分のことを一番よく
わかっているだろうか？　これまでに，自分の本当の気持ちが自分でもよくわからないと
いうことはなかっただろうか？

　これから続く人生の中で，人は初めてのステージに臨んでいく。その時に，自分がこれ
まで信じていたことがよくわからなくなって混乱したり，これまで考えもしなかった新し
い考え方をする人と出会ったりして，自分が変化していくことを感じるだろう。そして，
人と話す中で，自分自身が考えていたことがまとまり，改めて自分はこういうことを考え
ていたのだという輪郭が明瞭になっていく。それは，人と直接対面することだけではなく，
本の中の出会いにおいても同様である。人は，なんの手がかりもなく一人っきりでは，自
分の考えの枠組みさえよくわからないものである。人は，自分以外の人の考えに触れて初
めて，自分が何を考えているのかがわかるのではないだろうか。

　ソーシャルワーカーとして人を理解するために，受容と共感は最初に学ぶことである。
しかし，この受容と共感は，ソーシャルワーカーの終生の課題でもあるといえよう。ジョ
ハリの窓の4つの窓の中には，自分も他人も知らない領域があるが，それはさまざまな可
能性が秘められた創造の世界でもある。

　私がこれまで相談員として出会った高齢者や母子の方々だけではなく，古今東西の古典
との出会いも印象深いものであった。学生時代に，何気なく手にしたジョシュ・グリーン
フィールド氏の『わが子ノア――自閉症児を育てた父の手記』を読み，何とも不思議な世
界があるものだと思い，現在の研究テーマの一つである発達障害に興味をもつに至った。
その何十年後に，仕事でグリーンフィールド氏と出会う機会があり，この本がきっかけで
大学院に進み発達に興味をもち発達相談員として仕事をすることになったことをご本人に
伝える機会を得た。興味をもち続けていることの不思議さを感じた。

　また何年か前，気心の知れた友人と旅行した際に，同じ景色に感動したことがあった。
それは熱帯魚が泳ぐ南の島の海辺の景色だった。共有した感動を一生懸命お互いに話すう
ちに，友人は動き回る熱帯魚について熱く語っており，私は光に反射する海のきらめきに
ついて語っていた。そして，お互い感動している内容にそれぞれ特徴があり，感動してい
る主体が異なっていることに初めて気づいた。人は，長い間わかっていると思っていても，
お互いわからないものがたくさんある。だからこそ，一緒にいて言葉で理解しようとする。
そして，それは永遠に続く作業であり，理解できることが増えつつも同時にわからないこ
とも増えていくという矛盾に満ちた哲学的なものであるのだと思う。

　みなさんも，人を理解することに真摯に向き合い，人が発するサインに耳を傾け続けよ
うではないか。

（庄司妃佐）

7 個人の理解

┌─ **学習のねらい** ─

　クライエントへの支援を考えるにあたり，まず求められるのは，対象者の理解である。そこで，導入ワークでは，人（個人）を理解するために必要な専門的視点，人（個人）に関する客観的情報，また人（個人）の思いなど，対象者を全人的に理解するために得るべき情報について学ぶ。展開ワークでは，事例を用いて実践的に人（個人）の理解のための視点を学習する。また，アセスメントに必要な情報の重要性とそれら情報の収集方法について学習するとともに，ストレングスの発見とそれらを活かした支援の方法について理解を深める。

- **Keyword**：バイオ・サイコ・ソーシャル，ストレングス

- **ワークに必要なもの**：特になし

1 導入ワーク──他者とは？

1．ペアを作り，お互い挨拶を行う。次に，互いに何も話さずに互いを観察し，気づいた点をメモしよう。

┌─────────────────────────┐
│   │
│   │
│   │
│   │
│   │
│   │
└─────────────────────────┘

2．相手をもっとよく知るために，「聞きたいこと5項目」を考えよう。お互いに「聞きたいこと5項目」を相手にインタビューする。インタビューされた人は，その質問に答えよう。ただし，答えたくない質問には「パス」と言っても構わない。

第1章 ソーシャルワークの価値と視点

聞きたいこと5項目	
質　問	解　答
①	
②	
③	
④	
⑤	

3．ペアの相手についてわかった項目は，次のどれに該当するのか分類してみよう。

①身体や容姿	
②性格や思い	
③家族やサーク ル関係	

2	展開ワーク──他者理解のための視点

── 事例　サービス利用に拒否的な一人暮らし高齢女性 ──

　Aさん（仮名，82歳，女性）は，早くに夫を事故で亡くしてから，長年地域で一人暮らしをしてきた。自宅の玄関周辺や庭にはAさんの趣味である色とりどりの草花が小綺麗に飾られていた。近隣住民は，杖をつきながら何時間もかけて草花の手入れをする姿を何気なく目にしていた。しかし最近になって，いつもなら決まった時間に庭木に水をあげるAさんの姿を，数日間目にしなかったことを不審に思った近隣住民は，地区担当の民生委員へ連絡した。民生委員がAさん宅を訪問すると，布団に横になり憔悴しきったAさんがいた。民生委員はすぐに救急車をよび，また地域包括支援センターの社会福祉士へ連絡をした。

　Aさんは，大学卒業後，小学校教諭をしていた。30歳の時に結婚するも，わずか2年後に夫が職務中の事故により他界する。この期間，子どもには恵まれなかった。その後，教員を続けながら一人暮らしをしていた。両親はすでに亡くなっており，遠方で一人暮らしをしている兄がいるが，年に2～3回顔を合わせる程度である。

　57歳の時に股関節の手術を行い，それを機に教員を退職する。退職後は，地域の詩吟クラブに参加するなど，活発とまでは言えないものの，同世代の人々との交流をもちながら1人で生活していた。

　75歳の時，股関節痛が再発し再度手術をした。この頃から杖歩行となる。同世代の人々が相次いで亡くなり，趣味などの会へ参加する姿はほとんど見られなくなった。Aさんのことを心配した民生委員が，介護保険の利用を勧めるも，「身の回りのことで，人の世話になりたくない」「他人が自宅へあがるのには抵抗がある」「私は自分で何でもできる」と言って介護認定の申請をずっと拒否していた。

　救急搬送され治療を終えたAさんに，地域包括支援センターの社会福祉士は，介護認定を受け福祉サービスを利用することのメリットなどをわかりやすく説明した。ところがAさんは，「施設に入るくらいなら，死んだ方がましだ」「皆が私を施設に入れようとしている」と言い，福祉サービスの利用，また他者からの進言に対して強い抵抗感をあらわにし，他者を退けるようになってきた。

1．事例を読んで，Aさんに関する情報を書き出してみよう。その際，あらゆるレベルの情報が混在しても構わない。

第 1 章　ソーシャルワークの価値と視点

・Aさんに関する情報

2．それぞれワークシートに書き出したAさんの情報をグループで発表し，確認でき
た情報を次の3つのカテゴリーに分類しよう。

①バイオ 　（生理的・身体的機能状態）	
②サイコ 　（精神的・心理的状態）	
③ソーシャル 　（社会環境状態）	

3．確認できたAさんに関する情報のうち，Aさんの「良さ」や「強み」となる情報
を見つけ書き出してみよう。

45

ま と め

　本節の冒頭で，友人を観察し得られた情報，特に視覚・聴覚的に得られる情報を手掛かりに気づいた点を記録した。その気づきの中身について改めて考えてみよう。それらの気づきの中の客観的情報は，どのような内容だったろうか。自身の考察（「○○と思われる」等）や主観的意味づけがなされていたのではないだろうか。私たちは，客観的に物事をとらえようとする時にも，自己の価値観や主観的な考察が働いてしまいがちである。本節では，非言語的に収集する情報の重要性を知り，主観的に判断している際の「根拠」を意識することの重要性について学んだ。視覚情報や聴覚情報から得た内容を表す際に，自分の意見や感想などの判断が入ってくることに留意することは，実習の際の観察記録にもつながっている。実習場面で見たことについて記録する際に，客観的な情報がきちんと伝わるためにも自分が判断した事柄と観察した事実を分けて考えることが重要である。

　「聞きたいこと」から得た情報を，カテゴリーに分類することで情報を整理して考えたことや，その後の事例における情報の分類（3つのカテゴリー分類）を通じて，クライエントを理解する上で重要なのは，「人を状況の中でとらえる」ことであると学習した。具体的には，クライエントを理解するために，バイオ・サイコ・ソーシャルという視点をもち，それらが一体的に連動し，クライエントの特性を創り出していることを意識する必要がある。

　知っておきたい用語
① 民生委員
② 地域包括支援センター
③ 介護認定（申請）

[個人の理解]　理解度チェックリスト

1．導入ワークにおいて，観察から情報を収集することができた。

　　　□　よくできた　　　　□　できた　　　□　十分ではない

2．導入ワークにおいて，観察から得た情報に自己判断などの主観的判断が入ることについて理解できた。

　　　□　よくできた　　　　□　できた　　　□　十分ではない

3．導入ワークにおいて，友人を知るために適切な質問から新たな情報を得ることが
できた。

　　　□　よくできた　　　　　□　できた　　　□　十分ではない

4．導入ワークにおいて，観察とインタビューによって，友人のことを理解し，それ
を他者に適切に紹介することができた。

　　　□　よくできた　　　　　□　できた　　　□　十分ではない

5．導入ワークで得た情報をバイオ・サイコ・ソーシャルの3つに分類する意味を説
明できた。

　　　□　よくできた　　　　　□　できた　　　□　十分ではない

6．展開ワークで行った情報収集をもれなく抽出できた。

　　　□　よくできた　　　　　□　できた　　　□　十分ではない

7．展開ワークで抽出した情報をバイオ・サイコ・ソーシャルの3つに分類，説明が
できた。

　　　□　よくできた　　　　　□　できた　　　□　十分ではない

8．事例で取り上げた，Aさんの「良さ」「強み」について理解できた。

　　　□　よくできた　　　　　□　できた　　　□　十分ではない

8　家族の理解

┌ 学習のねらい ┐

　ソーシャルワークにおいては，クライエントのことを「利用者及びその家族」と認識する。「問題」を抱えた個人にのみ焦点を当てるのではなく，「家族」をも支援の対象に含めて考えることが，ソーシャルワーカーには求められるのである。

　導入ワークでは，まず自己の家族観を再確認し，家族間の関係性・力動について考える。続く展開ワークでは，家族全体を対象としたアプローチを検討する。

- Keyword：家族観，家族間の関係性，家族内力動

- ワークに必要なもの：特になし

1　導入ワーク──家族のとらえ方

（1）自己の家族観の再確認

1．自分は「家族」をどうとらえているか，改めて考えてみよう。次の7項目の説明を読んで，自分がしっくりくる順に，順番を付けてみよう。

家族は……	順　番
a．血縁関係でつながっている	
b．男女の婚姻に基づいている	
c．生計を同一にしている	
d．住居を同一にしている	
e．互いに助け合っている	
f．価値観や信念を共有している	
g．正月を一緒に過ごしている	

2．グループに分かれて，どのような順番を付けたか，お互いに出し合ってみよう。

（2）家族間の関係性・力動の把握

次のような記号を使って，家族間の関係性・力動を表してみることにする。

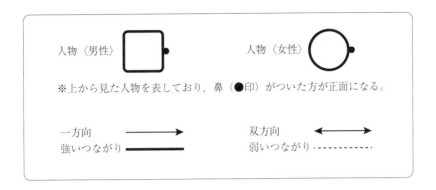

1．次の2つの家族は，それぞれどのような関係性・力動がある家族か，イメージしてみよう。人物の記号の大きさや鼻の向き，家庭（点線枠）内の位置，線の太さや長さ，矢印の方向等に着目して考えて書いてみよう。

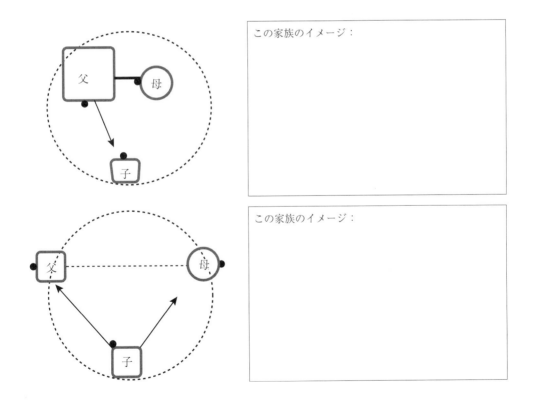

2．グループで，それぞれ自分のイメージを出し合ってみよう。

2　展開ワーク──家族間の関係性・力動をとらえた支援の検討

> **事例　電動車いすを使いたい子どもと反対する家族**
>
> 　Ａさんは，特別支援学校高等部を卒業し，この春から地域の障害者支援施設（生活介護）に通う18歳の男性である。脳性麻痺による運動機能障害が四肢にあり，施設内は手動車イスで自走しているが，通所は送迎バスを利用している。
>
> 　通い始めて5カ月，Ａさんは作業やリハビリ等の日中活動にとても熱心に取り組んでいる。「施設の生活に慣れる」という当初の目標は達成できたので，施設の支援員は「生活圏を拡げて，社会参加をしていく」という次の目標について，本人と話し合いの場をもつことにした。
>
> 　「最近，もっといろいろなことにチャレンジしてみたいと思うようになったんですよ」と明るく話すＡさんに，支援員はそろそろ電動車いすの利用を検討してみてはどうかと提案したが，Ａさんは「そうですねぇ……」と考え込んでしまった。
>
> 　両親と3人暮らしのＡさんは，母親（50歳）から，何でも自分でできるようになるよう，厳しく育てられてきた。母親には今回の電動車いすの件はまだ話せていない。リハビリに熱心な母親は，電動に乗るようになると，いま使っている車いすを自走する機会が減ってしまうと反対するのではないかとＡさんは思っている。一方，深夜に帰宅して朝早く家を出るという仕事中心の生活の父親（55歳）とは，普段からあまり話をする機会がないと言う。

1．この事例の家族間の関係性・力動を「1　導入ワーク」の「(2)家族間の関係性・力動の把握」（以下，導入ワーク(2)）の記号を使って表してみよう。

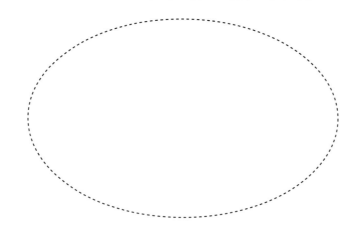

２．この家族間の関係性・力動を踏まえて，Aさんをどのように支援していったらよいか，グループで考えてみよう。

３．上記の支援を実施した結果，この事例の家族間の関係性・力動はどのように変化しただろうか，「導入ワーク(2)」の記号を使って表してみよう。

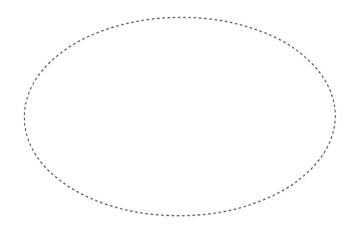

まとめ

　私たちは，それぞれ自分の「家族」を"経験"する。

　その"経験"を基に，私たちは自らの家族観を形成していく。そのようにして手にした自己の家族観はとても大事だが，それだけを頼りにしていると，「家族ってフツーは……でしょう！」と簡単に決めつけたり，「この場合，父親は……すべきじゃない？」とついつい他人の家族に注文をつけたりしたくなるものである。それは日常生活の場面では許されるかもしれないが，支援の場面では禁物である。

　「１　導入ワーク」の「(1)自己の家族観の再確認」（以下，導入ワーク(1)）でのグループ討論を通して，お互いの家族観の一端に触れることができただろうか。

　ソーシャルワーカーはクライエントを支援していくにあたって，あらかじめ自己の家族観を再確認して，そこからできるだけ距離をとることが求められる。家族を支援していくにあたって，まずそのことを強調しておきたい。

自己の家族観を点検するのは難しい。それには，日頃から小説や映画に登場する家族について考察してみたり，多くの人に出会って家族の話を聞かせてもらったりして，自分の家族経験を相対化してみる練習が必要だろう。「導入ワーク(2)」と「展開ワーク」では，家族成員同士の"つながり"を可視化することができただろうか。

　日頃はよく見えていないが，家族には，家族成員一人ひとりの思いや力，家庭内の役割やルール，家族の歴史や毎日の習慣等によって規定された"つながり"がある。

　この"つながり"を通じて，家族はお互いに作用している。一人のちょっとした変化で家族全体がうまくいったり，反対にギクシャクしたりする。また，その家族全体の変化が，今度は一人ひとりの生活や意識を変えていくという仕組みになっている。いわゆる「システムとしての家族」である。

　私たちソーシャルワーカーは，「問題」を抱えた個人にのみ焦点を当てるのではなく，その家族間の関係性や家族内の力動を常に意識し，絶えず変化をしている「システムとしての家族」に着目して，クライエントにアプローチしていくのである。

参考文献

山辺朗子『ジェネラリスト・ソーシャルワークの基盤と展開——総合的包括的な支援の確立に向けて』ミネルヴァ書房，2011年。

［家族の理解］　理解度チェックリスト

１．導入ワーク(1)において，自分以外の人の家族観を知ることができた。

　　　□　よくできた　　　　　□　できた　　　　　□　十分ではない

２．導入ワーク(1)において，自分の家族観を再確認できた。

　　　□　よくできた　　　　　□　できた　　　　　□　十分ではない

３．導入ワーク(2)において，家族間の関係性・力動について考えることができた。

　　　□　よくできた　　　　　□　できた　　　　　□　十分ではない

４．展開ワークにおいて，家族間の関係性・力動について考えることができた。

　　　□　よくできた　　　　　□　できた　　　　　□　十分ではない

５．展開ワークにおいて，家族全体に対するアプローチについて考えることができた。

　　　□　よくできた　　　　　□　できた　　　　　□　十分ではない

第1章　ソーシャルワークの価値と視点

---── コラム 3　ソーシャルワーク・マインド ───---

　今，あなたが一番大切にしていることを聞かれたら，どう答えるだろうか。夢に向かって着実に進むこと，他者に誠実に対応すること，物事に最後まで取り組むこと等々，それぞれの人にとっての譲れない大切なことがあるだろう。それは，支援を行うソーシャルワーカーにとっても同じことである。ソーシャルワークを行う上で譲れない核になるもの，それがソーシャルワーク・マインドである。

　私が昔，医療ソーシャルワーカーを行っていた時に大切にしていることを聞かれたら，「患者さんと同じ目線に立つこと」と答えていた。でも，最初からそう思っていたわけではない。大学院修了後に病院に勤めた私は，かなり頭でっかちだった。「自分は専門家なのだから，何でも答えられなければならない」と思っていたし，「患者さんより，当然，物事をよく知っているべきである」とも思っていた。しかし，現実はそんなに生やさしいものではなく，自分が知らない物事や初めて遭遇するアクシデントが山のように押し寄せた。

　そんな時，ふと「あぁ，私は学歴で武装しているのだな」と思った。でも，相談に来る患者さんが求めていることは，ソーシャルワーカーの学歴ではなく，人として尊重されながら，自分が今苦しんでいる問題解決への糸口を教えてくれる人なのだと思った。そんな多くの患者さんと接する中で，いつの間にか肩の力が抜けていた。その時に私が一番大切だと思ったのは「患者さんと同じ目線に立つこと」だった。同じ人として，同じ問題解決を目指して，悩みながらも一緒に考えていくことだった。それが私のソーシャルワーク・マインドといえるものである。

　折しも，現場を離れて20年経った今，その頃の思いを彷彿とさせてくれる本に出会った。川村博文先生の『患者とともに──寄り添う医療ソーシャルワーク』（新潮社，2016年）である。ここに登場するソーシャルワーカーは，何度も何度も葛藤し自問しながらも，原点である相手のいる場所からはじめ，相手に寄り添い続けることをやめない。

　「どんなときも，患者の心に寄り添い，

　　どんなときも，人間の価値と可能性を信じて，

　　わからないことは，専門職の誇りにかけて学ぶ，

　　これが患者とともに学んだ，医療ソーシャルワークの原点である。」（218頁）

　これこそが，川村先生のソーシャルワーク・マインドだと思う。この本を読んで，やはり一人ひとりのソーシャルワーカーには，譲れない核となるソーシャルワーク・マインドが必要なことを改めて感じた。この本で勉強している人たちも，いつか「自分のソーシャルワーク・マインドはこれだ」と言える日を目指して，進んでいってほしい。

（保正友子）

9　グループの理解

――　学習のねらい　――

　現在，さまざまな場面でグループワークが行われており，グループワークを主として行う職場でなくても，ソーシャルワーカーはグループについて理解し，グループワークの基本を学ぶ必要がある。

　そこで導入ワークでは，自らが所属したグループを振り返り，グループの雰囲気の違いが生じるメカニズムについて理解する。

　さらに展開ワークでは，グループワークのプロセスについて学ぶ。また，そこでのソーシャルワーカーの役割について理解する。

• Keyword：グループ，グループワークの展開

• ワークに必要なもの：特になし

1　導入ワーク──自らが所属したグループについての振り返り

1．自分がこれまでに所属したグループとそこから受けた影響を書き出してみよう。

2．その中で，最も自分にとって有効だったグループはどのような雰囲気で，最も自分にとって有効でなかったグループとはどのような雰囲気だっただろうか。

これまでに所属したグループ	グループから受けた影響	グループの雰囲気

第1章　ソーシャルワークの価値と視点

2 展開ワーク──グループワーク理解のための視点

次の事例を読んで，ワークに取り組んでみよう。

── 事例　子育て不安を抱える地域の母親を対象にした保育所でのグループワーク⁽¹⁾ ──

準 備 期

　6月，桜保育園にAさんが訪ねてきた。4月に夫の転勤で桜町に移ってきたばかりで，自宅で2歳の息子を育てているという。Aさんは専業主婦のため保育所に子どもを預けてはいないのだが，このところ子どもが言うことをきかずに困っており，自分の育て方が間違っているのではないかと不安に思っていた。保育所に相談すれば，何らかのアドバイスがもらえるのではないかと思い，近くの桜保育園にやってきたのだった。

　Aさんには，5年目で中堅保育士のBさんが対応した。Aさんは他に子育てで相談できる人がおらず，かなりストレスがたまっている様子であった。Aさんの話を聞いていくうちに，Bさんにはある考えが頭をよぎった。それは，新興住宅街である桜町には，転勤や家を新築して引っ越してきた家族が多い。そのため，他にもAさんのように，1人で子育てに悩んでいる専業主婦の母親たちがいるのではないか，ということである。

　そこで，Aさんの相談にのると同時に，地域で子育て中の母親を対象に，桜保育園で何らかの取り組みができないかを検討することにした。さっそく，Bさんはその旨を職員会議で提案したところ，園長や他の保育士もやはり同じ考えをもっており，そろそろ桜保育園でも開かれた保育所を目指して，地域の子育て支援への取り組みを行うことが必要だろう，という意見が出された。そのため，Bさんが中心となり地域の母親を対象としたグループワークの実施を検討することとなった。

　次の職員会議で，Bさんは次のようなグループワークの計画を提案した。

〈グループワーク企画案〉

目　　　標：地域の母親同士が子育て不安を解消し互いのネットワークを作ること

場　　　所：桜保育園

期　　　間：9月からの月2回（第1，第3水曜日），午後2時間の集会を6カ月間，
　　　　　　計12回実施

プログラム内容：互いの子育てに対する思いや工夫などの意見交換

保育士の役割：会合の促進と必要に応じたアドバイスの提供

担 当 者：B

対 象 者：地域で子育てをしている保育所を利用していない母親4人前後

参加者の募集：保育所前の掲示板への掲示と町広報での周知

予　　　算：年度途中の事業のため今年度は補正予算で対応し，来年度から正式に予算
　　　　　　化。今年度はできるだけ低予算での実施を検討

以上の計画が職員会議と理事会で承認されたため，さっそく参加者の募集を開始した。

55

Bさんは Aさんにもその旨を伝え，Aさんの知り合いにも声をかけてもらった。その結果，4人の母親からの応募があった。その頃 Bさんは，隣の緑町で子育て支援サークルを行っている保育所に話を聞きに行き，開始に備えた。

開 始 期

　9月の第1水曜日の午後2時，4人の母親が子どもを連れて桜保育園にやってきた。母親が話をしている間，子どもたちは園児と一緒に遊んだり，昼寝をして過ごすのだ。

　グループワークは参加者の自己紹介から始まった。ほとんどが初めて会う人たちばかりで緊張した雰囲気だったので，Bさんはできるだけメンバー同士が均等に話せるよう，時には促しの声かけをするように心がけた。口火を切ったのは，Aさんだった。「はじめまして。Aと申します。6月に私が Bさんに子育てのことで相談に伺ったことがきっかけで，Bさんの方でこのような会を開いていただくことになりました。私は1人で子育てをしておりわからないことばかりなので，皆さんとご一緒に，色々なことを話していきたいと思いますので，よろしくお願いします」。続いて，Cさん，Dさん，Eさんからの自己紹介があった。

　自己紹介によって緊張した面持ちは幾分和らいできて，互いの共通点を見出すことができた。それは，全員が1人で子育てを行っており，子育てに何らかの不安を抱えていて，アドバイスをしてくれる存在を望んでいることであった。

　そして，Bさんからこのグループの目標と計画が話された。

　　　「この会は，地域で子育てをしているお母さんたちに参加していただき，互いに交
　　　流を深める中で，楽しく子育てができるようにしたいと考えています。この会の主役
　　　は皆さんたちで，私は保育士という立場から必要に応じてアドバイス等ができればと
　　　思っています。また，毎回，子育てに関する1つのテーマを設定し，それについての
　　　意見交換ができればと思っていますが，その方向でよろしいでしょうか」。

　Bさんのこの問いかけに対し，メンバー全員が同意をした。そして，月1回の開催が確認された。第1回目の会が終わる頃には，互いへの親しみが出てきたのか，各人の顔から不安の色は消え，これからの集まりへの期待感がにじみ出ていた。

　Bさんにとってグループワークは初めての経験であったが，以前他の保育所でグループワークを経験したことがある主任に相談しながら進めていけば大丈夫，という思いがあった。1回目の会が終わった後，Bさんは振り返りを行い，グループワークの様子を記録に留めた。そして，職員会議でもまずまずの滑り出しである旨を報告した。

作 業 期

　2回目の集まりからは，参加者の近況報告をした後で，毎回1人ずつが子育てで悩んでいることを話し，それに対して互いが意見交換をすることにした。必要に応じて，Bさんは専門家としてのアドバイスを行うことにした。

　この日は Aさんが話をした。「もうすぐ3歳になる息子は好き嫌いが激しく，食卓に嫌いな人参やピーマンが出ているだけで，好物の卵料理まで食べなくなってしまうのです。

第1章　ソーシャルワークの価値と視点

いくら食べさせようとしても，最後には泣いてぐずり，言うことを聞いてくれないので困っています」。その話を受けCさんからは，子どもは乳製品アレルギーがあるため，近所の子どもから気安くお菓子をもらえないという話が出された。それに対しDさんから，自分は栄養士免許をもっており，以前，小児科のある病院に勤めていたときに，子どもの偏食やアレルギーに対してこのような工夫をした，という話が出された。もし，機会があれば，一度一緒に調理する機会がもてればという話にまで発展した。Bさんからも，桜保育園で行っている工夫について伝えた。Eさんからは発言がみられなかったため，BさんはEさんに声をかけたが，「特に食事の面で困っていることはありません」との応答だった。

　4回目までは，各人がそれぞれに悩んでいるオムツ外しのこと，遊び場の問題という身近な話題を口にして，それに対する意見交換を行いながら進んでいった。3回目からはAさんがリーダーシップをとりながら，進めていくようになった。また，Dさんの発案で，各人が持ち回りで書記を行い，話された内容の議事録もとることになった。これまでのところ，とりわけ深刻な話題も出されず，Bさんにとってもこの調子ならやっていける，と確信がもててきた。毎回，終了後に主任と会の様子について話し，主任からのアドバイスをもらっていたが，大きな問題もなく今のところは順調であった。

　ところが，5回目のEさんの順番になったとき，事態は変わった。いつも口数が少ないEさんは，この日もあまり積極的に話す気配が見られなかった。いつものようにBさんが話を促したところ，Eさんはようやく重い口を開きはじめた。

　　「これまで毎回この集会に参加して，とても勉強になったのですが，参加するたびに自分と皆さんは違うという思いが強くなっていきました。皆さんたちは，とても一生懸命に子どもを育てていて，良いお母さんだと思います。でも私は……子どものことを本当に可愛いと思えないのです。こちらが家事や何かに集中していると泣き出し，いくらあやしても泣きやみません。そんな状態が何回も続いて，私が母親では駄目なんじゃないかと思うのです。どうしようもなくて手を上げそうになったことも，一度や二度じゃありません。でも，それだけはしてはいけないと思い，いつも最後のところで自分を抑えます。こんな状態が続いたら，きっと私は子どもに虐待をしてしまうと思うのです」。

そう言うと，Eさんは大粒の涙を流しながら，人目もはばからず泣きはじめた。

1．このEさんの発言だけでは，他のメンバーに十分に伝わっていないとワーカーは判断し，「Eさんが伝えたいこと」を正確に他のメンバーが受け入れるために，ワーカーは4つのパターンの働きかけを考えた。それぞれに対応する，具体的な言葉を考えてみよう。

パターン	具体的な言葉
① Eさんのメッセージが正確に伝わるように，Eさんに内容の補足を求める。	
② Eさんの伝達内容が他のメンバーに正しく伝わったかどうか確認する。	
③ Eさんの伝達内容をワーカーが代弁もしくは解釈して伝える。	
④ Eさんの感情面の表出をサポートする。	

2．グループごとにこの場面のロールプレイを行ってみよう。役割は，グループワーカーBさん役，Aさん役，Cさん役，Dさん役，Eさん役である。ロールプレイの後に振り返ってみよう。

```
―― 振り返りシート ――

• (                    ) 役を行ってみて気づいたこと・感じたこと






• 全体を通して気づいたこと・感じたこと

```

第1章　ソーシャルワークの価値と視点

ま と め

　グループの成立条件は，青井和夫によると，①対面的な関係にあること，②成員の間に相互作用が行われていること，③成員相互の間に個人的な印象や知覚を有することである。ただし，近年ではインターネットの浸透に伴い，対面しなくてもグループが成立することに留意が必要である。

　そして，このような意図的に作られたグループを活用しながら援助する方法がグループワークである。その目的は，グループになることや皆で一緒にグループ活動をすることではなく，個人の成長を促し，問題を緩和・解決するための手段としてグループを利用することである。そのためグループワークの対象は，グループ内のメンバー個々人であり，グループという集団そのものではないことを理解する必要がある。

　グループワークで鍵を握るのが，ワーカーの役割といえる。相互支援を行えるグループを育てていくために，ワーカーは「媒介者」としてメンバー間のコミュニケーションを促進する必要がある。そのためには，グループの発展段階を理解し，それぞれの段階に応じたワーカーの働きかけが求められる。どの段階でも共通しているのは，グループメンバーが問題の解決に向けて考察し動いていけるようにサポートすること，ワーカー自身が社会資源の一つとして専門的な情報提供を行うことである。

―― 知っておきたい用語 ――
① 子育て不安

注
(1) 保正友子編著『ソーシャルワーク』（保育士のための福祉講座）相川書房，2006年，104－111頁を一部改変。
(2) 青井和夫「小集団の構造と機能」『集団・組織・リーダーシップ』培風館，1962年。

参考文献
青井和夫「小集団の構造と機能」『集団・組織・リーダーシップ』培風館，1962年。
岩間伸之『グループワーク』（ワークブック社会福祉援助技術演習④）ミネルヴァ書房，2004年。

［グループの理解］　理解度チェックリスト

1．導入ワークにおいて，自らが経験したグループについて振り返ることができた。
　　　□　よくできた　　　　□　できた　　　　□　十分ではない

2．導入ワークにおいて，自分にとって有効だったグループと有効でなかったグループの雰囲気の違いを理解できた。
　　　□　よくできた　　　　□　できた　　　　□　十分ではない

3．展開ワークにおいて，最終局面でのＥさんの気持ちが理解できた。
　　　□　よくできた　　　　□　できた　　　　□　十分ではない

4．展開ワークにおいて，4つの場面のワーカーの働きかけの仕方を理解できた。
　　　□　よくできた　　　　□　できた　　　　□　十分ではない

5．展開ワークにおいて，グループワーク場面のロールプレイを行うことができた。
　　　□　よくできた　　　　□　できた　　　　□　十分ではない

6．展開ワークを通して，グループワークのプロセスが理解できた。
　　　□　よくできた　　　　□　できた　　　　□　十分ではない

コラム 4「基本」

　ある日，小学生になる娘がおもむろに「どうしたらマラソンで速くなれるのか」と私に尋ねてきた。私が「ひと一倍練習を……」と言いかけたところで，すかさず娘が，「練習はもちろん頑張る！」と。練習に対し真剣に取り組み，自分なりに努力をし，その上で速くなるためにはどうすればよいのか，その答えを求めているらしい。「気合で」というフレーズが喉まで出かかって，私はそれを言うのをやめた。彼女が，より具体的な方法を知ろうとしていることが理解できたからだ。その後，2人で速く走るための方法を一緒に調べた。海外で活躍するある有名スポーツ選手が「基本を繰り返すことが重要である」と何かの本で示していた。「走る」ことの基本の一つは，腕を前後にしっかりと振ることである。苦しい時こそ，力まずに腕を前後に振ることが重要である。

　現在のソーシャルワーク実践では，より多様で複雑化した課題へのアプローチが求められている。「誰もが支え合う地域の構築に向けた福祉サービスの実現——新たな時代に対応した福祉の提供ビジョン」（2015年9月，厚生労働省）に示される地域に根差した，新しい包括的な相談支援システムの構築と，そのシステム内でのソーシャルワーク実践。また，人口減少社会にあって推し進められている「我が事・丸ごと　地域共生社会」でのソーシャルワーク実践。大きく変化している現代社会において，ソーシャルワーカーに求められるのは柔軟で横断的な専門的実践力であると考える。また，社会のニーズに応じて，教育，司法などソーシャルワーカーの活躍の場も広がりつつある。ソーシャルワーカーが変化していく社会，また新たな領域で活躍する場面が増えてきている。それぞれのシステム，またクライエントの特質を十分に理解した上で，それぞれに応じた具体的な支援と支援に結びつく環境を提供することが重要であり，それらの実践を通じてソーシャルワーカーの社会的認知も向上してくるものだと考える。

　有する専門性を横断的，柔軟にクライエントへ提供するためには，やはり基本が大事である。ソーシャルワーカーにとっての「基本」とは何であろうか？　私は，ソーシャルワーカーの「基本」とは，クライエントを生活者としてとらえ，人権と社会正義を基盤とし，ソーシャルワーク視点と態度に基づきアセスメントが行えることではないだろうかと考える。変化する社会での実践，また，新たな領域での実践においても，まずは「基本」に忠実であることが重要ではないだろうか。

　シンプルであるが，「前後に腕をしっかりと振る」という基本に沿って練習を重ね，いよいよマラソン大会当日。競技に参加している選手の誰もが苦しい終盤にあって，やはり基本に忠実に，他の誰よりも力強く腕を振り，体を前へと推し進めるように走り，決して上位ではないものの昨年度より数位順位を上げてゴールした娘の表情は，充実感と自信にあふれていたように見えたのは，単に親ばかなだけであろうか。

　何事もやはり基本が重要であり，その定着が進歩と安定をもたらすのではないだろうか。

（北爪克洋）

10　基本的コミュニケーション

学習のねらい

　ソーシャルワークを展開する上で基盤となる援助関係を形成する技術として，コミュニケーション技法について考える。

　コミュニケーションは会話だけではなく，会話も含めた相手とのやりとりを通してメッセージを共有することを理解する。導入ワークでは，日常的に行っている自分のコミュニケーションを見直し，非言語メッセージにはどのようなものがあるのかを考え，言語メッセージと非言語メッセージについて理解する。

　展開ワークでは，ロールプレイを通して，相談援助の場面において意図的に関わるために，言語メッセージと非言語メッセージの両方を効果的に活用することの重要性を学習する。

• Keyword：コミュニケーション，言語メッセージ，非言語メッセージ

• ワークに必要なもの：特になし

1　導入ワーク──言語メッセージと非言語メッセージ

事例　ある夫婦の会話

　妻は，小学校3年になる一人息子のＡくんが，小学生になった頃から忘れ物が目立つようになってきたことが気になっている。Ａくんは，このところ自分の持ち物をどこかに置き忘れたり，友だちとの約束を忘れたりしている。

　今日，担任の先生から電話があり，Ａくんが宿題を忘れることが頻繁にあるため，家庭での様子を聞かれた。妻はそのことで動揺している。どうしたら良いのか焦るばかりで，会社から帰宅した夫に早々に，以下のように報告を始めた。

　　妻：ねぇねぇ，ちょっと。あの子の忘れ物のことだけど，やっぱり良くならないのよ。今日もまた宿題を忘れて先生に注意されたみたい。学校から電話があったのよ。恥ずかしいったらないわ。

夫：そうだね……。（食卓テーブルで新聞を読んでいる）

妻：お友だちとの約束も忘れたことあるし。どうしたら良いのかしら。もしかして，ゲームばっかりやっているからかしらね。そっか，じゃあ，うちでゲームをやっていい時間っていうのを決めたらどうかと思うけど，どう？

夫：……（リビングに移動してソファーにもたれかかり，テレビの電源をつける）。

妻：まったく，誰に似たのかしら。一度，担任の先生に真剣に相談してみようかと思うんだけど，いい？

夫：いいよ。（スマホをいじりながら，一言ボソッと）

妻：ねえ，あなた，聞いてるの？

夫：あー，……聞いてる聞いてる。（無表情でテレビのリモコンをいじりながら，ため息まじりの一言）

1．夫の「言語メッセージ」と「非言語メッセージ」を書き出してみよう。

言語メッセージ	非言語メッセージ

2．夫の「言語メッセージ」と「非言語メッセージ」が一致しているかどうか，グループで話し合ってみよう。

3．次に，普段の生活で，似たような体験をしたことはないか，このワークを通して，気づいたこと，感じたことなどを振り返ってみよう。

2 展開ワーク——非言語コミュニケーションの役割

1. A，Bのペアを作り，Aは話し手，Bは聞き手となって，ロールプレイをしてみよう。

① 話し手Aは，「最近気になっていること」について，Bに話す。

② 聞き手Bは，Aと目線を合わさず，言葉での反応をしないで，5分間Aの話を聞く。

③ 続いてBは，足を組み，頻繁にスマホをいじりながら，5分間Aの話を聞く。

④ 話し手A，聞き手Bは，それぞれどのような気持ちになったか，振り返りシートに記入しておく。

```
┌──振り返りシート──
• 話し手Aはどのような気持ちになったか




• 聞き手Bはどのような気持ちになったか



```

2. 役割交代をして，Aは聞き手，Bは話し手となって，以下の手順で，ロールプレイをしてみよう。

① 話し手Bは，「最近気になっていること」について，Aに話す。

② 聞き手Aは，話し手Bの正面に向かい合って座り，Bの目をじっと見つめながら，5分間Bの話を聞く。

③ 続いてAは，Bの横に並んで座り，Bと同じ方向を向いて，5分間Bの話を聞く。

④ 聞き手A，話し手Bは，それぞれどのような気持ちになったか，振り返りシートに記入しておく。

第1章　ソーシャルワークの価値と視点

┌──振り返りシート──────────────────────────
│
│ ・話し手Bはどのような気持ちになったか
│
│
│
│
│
│
│ ・聞き手Aはどのような気持ちになったか
│
│
│
│
│
│
└────────────────────────────────────

3．ロールプレイを通して，話し手は聞き手にどのような態度で聞いてほしいのか，改めて考えてみよう。

■ まとめ

　人は，コミュニケーションによって人と関わっていく。ソーシャルワークの援助場面においても，コミュニケーションによって援助関係を築きながら援助を展開していくものである。

　そのコミュニケーションの主役は，言語と思われがちである。しかし，言語がないと伝わらないと思っていたことが，言語がなくても伝わるものである。非言語は，言語以上に情報が詰まっていて，意思や感情を伝達する。言語以外のメッセージ，「非言語」に目を向けることも，援助を展開する上で大変重要となる。

　導入ワークでは，日常生活でいかに非言語コミュニケーションが重要な役割を担っているかということについて，事例を用いて考えてみた。言語によるメッセージと非言語によるメッセージが一致しないという点に気づくことは援助場面において利用者理解のポイントとなる。このワークを通して，皆さんの身近な生活体験と重ねて振り返ると心当たりがあると感じられた人もいるのではないだろうか。たとえば，顔や声の調子は怒っているのに「私は怒ってない」と言う人，内心では嫌だと思っているのに「いいですよ」と笑顔で言う人などである。非言語コミュニケーションは相手の状況，気持ちを理解する上で大事である。それは，言語以外の部分にこそ，相手の意図が表れやすいからである。相手をよく観察することで言語で表出されていない気持ちや感情もわかることがあるのである。

65

展開ワークでは，非言語コミュニケーションの役割について，実際にロールプレイの体験から学習した。表情，視線，姿勢，仕草，距離，位置，接触，声の抑揚・強弱・速度や間，等の非言語メッセージで伝わってくること，同時に伝えていること，伝えようとしていることがある。相談援助の場面においては特に意図的な関わりであるため，言語と非言語の両方を活用していくことになる。

　相手の話を聴くためには，言語だけでなく，非言語メッセージが重要であり，話を聴きながら，そして話をしながら，五感を働かせて相手の非言語メッセージに関心を向ける。相手が伝えようとしていることを頭で理解しようとするのではなく，また，言葉を一字一句明確にしようとするのではなく，声の大きさ，テンポを耳で聞いて，表情，仕草をよく観て，感覚的に理解し，メッセージを共有するということも大切にしてほしい。同時に援助者である自分の非言語メッセージも意識することが必要となる。それが「相手の話に耳を傾ける」ことにつながるのだろう。

[基本的コミュニケーション]　理解度チェックリスト

1．導入ワークにおいて，コミュニケーションの構造について理解できた。
　　　□　よくできた　　　　□　できた　　　　□　十分ではない

2．導入ワークにおいて，非言語メッセージにはどのようなものがあるのか考えることができた。
　　　□　よくできた　　　　□　できた　　　　□　十分ではない

3．導入ワークにおいて，言語メッセージと非言語メッセージが一致しない場合があることを理解できた。
　　　□　よくできた　　　　□　できた　　　　□　十分ではない

4．展開ワークにおいて，非言語から相手の気持ちを想像することができた。
　　　□　よくできた　　　　□　できた　　　　□　十分ではない

5．展開ワークにおいて，どのような態度，姿勢で相手の話を聴くことが望ましいか考えることができた。
　　　□　よくできた　　　　□　できた　　　　□　十分ではない

第2章

ソーシャルワークの技術

1 ## 面接技術

┌─ 学習のねらい ─

　面接とは技術（スキル）であり，トレーニングを積むことによって必ず上達することの理解を深める。また，面接はソーシャルワークアセスメントを行うための情報収集の場であることの理解も深める。そのステップとしてクライエントとの信頼関係を築く技術を習得する。導入ワークでは，信頼関係構築のポイントを学習し，展開ワークでは，それらについて演習を通して学ぶこととする。

- **Keyword**：面接技術，コミュニケーション，信頼関係構築

- **ワークに必要なもの**：ホワイトボード（1台），ストップウオッチ（1つ）

---

1 **導入ワーク──信頼関係構築**

1．ペアを作り，お互いに初対面の人と思って話しかけてみよう。

次に，目の前の人と信頼を築くため，また円滑にコミュニケーションを行うためどんなことを意識したかを書いてみよう。

自分が意識した点	

2．以下の用語の意味，質問の具体例を書いてみよう。

信頼関係構築に必要な知識	
用　語	解　説
メラビアンの法則	

68

第2章　ソーシャルワークの技術

ミラーリング	

信頼関係構築に必要な質問技術	
用　語	具体的な質問例
オープンクエスチョン	
クローズドクエスチョン	
Yes Set	

2　展開ワーク──面接技法の活用

　導入ワークで記入した質問（オープンクエスチョン，クローズドクエスチョン，Yes Set）を2人組になって，意識して使ってみよう。

1．Yes Set を5つ以上考えてワークシートに記入してみよう。その後，ペアの人に対して Yes Set を実際に用いてみよう。

-
-
-
-
-

2．ミラーリングを2人組になって体験してみよう。ミラーをするポイントは，非言語のコミュニケーションのすべてである。特に，相手との「呼吸を合わせる」ことを心がけるとよい。

3．ミラーリングをしながら Yes Set までの一連の流れを練習してみよう。ミラーリング，言語・非言語・準言語，Yes Set を使って会話をしてみよう。

4．今までの自分流の会話の流れと，技術を意識した会話の流れの違いでは，どこがどのように変わってくると感じたのか記述してみよう。

69

5. やりにくく感じた部分はどんな所だっただろうか？　また，次にどのようにすれば上手くできそうか？　あなたの意見を書いてみよう。

ま と め

　ソーシャルワーカーにとって，面接技術は必要不可欠な技術の一つである。個別援助の場面だけでなく，上司や同僚との会話，多職種との連携，そして他機関との連携に至るまで，日々の業務の中で面接という場面は多くあるのが現状である。その手段としては電話，メールなどの媒体を使って行うものもあれば対面で行うものもある。

　現場の実情として，個別援助，特に「相談援助」という場面の多くは密室で行われることが多く，ワーカー・クライエント間だけしか知らない内容も多く出てきてしまう。相談援助場面においてワーカーはさまざまな知識・技術を駆使しながら援助計画を組み立てるが，アセスメントを導く鍵となる面接技術は，ソーシャルワークを行うための情報収集に必要不可欠なものである。

　面接技術には多くの要素が存在するが，本節では，クライエントとの信頼関係を築く技術を習得することを目指し学習してきた。信頼関係を築くということは，ソーシャルワーカーが援助を行う上で最も重要な事項である。また，専門職として立ち振る舞うということは，自分の言動に責任をもつということでもある。言い換えれば，言葉や行動の意味について根拠をもって説明できるようになるということである。自分の言動を説明できるようになるよう，一つひとつの知識・技術を習得していこう。

　信頼関係を築くということは簡単なことではない。本節で学習した項目はほんの一部であるが，今後，本格的な会話を通して相手のことをアセスメントすることになる。

人と人とが出会う面接という場面において，出会いから話の終了に至るまで相手に沿った支援として進めていけるように，今後も技術研鑽に励んでほしい。最終的には，情報収集の仕方なども含め，根拠をもったソーシャルワークが行えるよう，実践力を培ってほしい。

［面接技術］　理解度チェックリスト

1. 導入ワークにおいて，自分の会話のパターンを理解することができた。
　　□　よくできた　　　　□　できた　　　　□　十分ではない

2. 導入ワークにおいて，メラビアンの法則について理解できた。
　　□　よくできた　　　　□　できた　　　　□　十分ではない

3. 導入ワークにおいて，ミラーリングについて理解できた。
　　□　よくできた　　　　□　できた　　　　□　十分ではない

4. 導入ワークにおいて，オープンクエスチョンについて理解できた。
　　□　よくできた　　　　□　できた　　　　□　十分ではない

5. 導入ワークにおいて，クローズドクエスチョンについて理解できた
　　□　よくできた　　　　□　できた　　　　□　十分ではない

6. 導入ワークにおいて，Yes Set の質問及び必要性について理解できた。
　　□　よくできた　　　　□　できた　　　　□　十分ではない

7. 展開ワークで技術に基づいた会話の一連の流れの必要性が理解できた。
　　□　よくできた　　　　□　できた　　　　□　十分ではない

8. 展開ワークを通じて，自分の会話の修正するポイントについて理解できた。
　　□　よくできた　　　　□　できた　　　　□　十分ではない

2 **プレゼンテーション**

学習のねらい

　ソーシャルワークにおいて，事例検討や新しい企画の提案など，自らの考えや意見を発表する機会は少なくない。「プレゼンテーション」とは単に自分の考えや情報を伝えるだけの手段ではなく，意思を他者に伝え，思いや考えを受け入れてもらう，人間関係そのものである。まさにソーシャルワーカーに求められる技術なのである。

　導入ワークでは，人間関係を良好にするための「自己主張」「自己表現」の方法を理解することを目指す。展開ワークでは，伝えたいことを明確にする過程と，明確に伝えるための工夫を理解する。

• **Keyword**：プレゼンテーション，思考の整理，情報の分類

• **ワークに必要なもの**：付箋紙（クラス人数分×10枚），模造紙（グループ数分），ペン（グループ数分）

1 導入ワーク──私の好きなもの

1.「私の好きなもの」について，各グループ内で話し合う。その中で，1人の話題を取り上げてグループ全体のテーマに設定して，発表の目的を考えよう。つまり「何を伝えたいのか？」を考えるのである。司会者を決めて，全員が話せるように時間配分を考えよう。

　この話し合いでは，小さなプレゼンテーションとそれを受け取る作業を行うことになる。どんな内容をどう話したら，相手に自分の伝えたいことが伝わりやすくなるだろうか。

第2章　ソーシャルワークの技術

2 展開ワーク——プレゼンテーションの準備と実践

テーマ	
提案者	
司会者	
書記・清書	
発表者	
掲　示	
タイムキーパー	
プロンプター	
発表の目的 （聞き手に伝えたいこと）	
見出し1	
見出し2	
見出し3	
見出し4	
見出し5	

1．テーマが決まったら，提案者本人に質問しながら，グループメンバーが自由に話し合って話題を深めよう（これをブレインストームという）。付箋紙には，1枚に1つのことを書く。書いた付箋紙を模造紙に貼り付けながら，自然に同じ内容がまとめられるのは理想的だが，まずは，バラバラでも良いので思いつくことを書いて貼り付けていこう。

① 付箋は1人10枚程度を目安に，1枚には1つのことだけを書く

② 伝えたいこと，伝えなければならないことを1枚の付箋に1つずつ書いていく（単語だけ，あるいは簡潔な単文で書くこと）。

73

２．続けて，書いたメモを同じ内容ごとにグループ分けをする。お互いに意味を確認しながら，思考を整理してみよう。書き出したメモは多様な情報である。それらを分類することで，何を伝えたいのか，伝えるべきなのかが見えてくる。テーマの提案者ではないメンバーがグループ全体の思いや考えをまとめた方が客観的にとらえられるので，役割分担をすると良い。

① はじめは付箋紙を模造紙にランダムに置くが，似たような内容があればまとめていく。

② 似たような内容を１カ所にまとめてグループ分けをする。

③ わかりにくい場合は，書いた人に意味を確認しながら分類を進める。

④ 分類したグループに，何について書かれたものかがわかる名前（タイトル）を付ける。

⑤ ５Ｗ１Ｈ（いつ〔When〕，どこで〔Where〕，だれが〔Who〕，何を〔What〕，なぜ〔Why〕，どのように〔How〕）を具体的に考えて，発表のための枠組みを作る。

３．模造紙を使って，何を発表するのかをまとめて，発表の準備をしよう。メインテーマの中で，特に伝えたいことを発表タイトルとする。模造紙に見やすくタイトルを書こう。それを説明するための情報として，先程グループ分けした付箋紙を使う。グループごとにまとめられた付箋紙に，それぞれ付けた名前を見出しにしよう。もち時間が決まっているので，優先順位を付けて，どの順番で話せば良いのかを工夫する。必ず話すことから順番をふって，最後に時間があったら追加することも決めておく。中心となる発表者を決め，他のメンバーもサポートする役割を決める（模造紙の掲示，タイムキーパー，発表者がつまった時のためのプロンプター等）。

① この時点では，大きな枠組みと，具体的な事柄をバランス良く話せるように，整理することが大切である。

② 話し合いのメモが発表資料となるので，発表者だけがわかるのではなく，聞き手にも見やすく工夫することにも留意する。

③ プレゼンテーションのテーマを再確認し，伝えたいことを聞き手に理解してもらうには，分類したうちのどの部分（タイトル）から説明していけば良いのかを考える。

④ 説明する順番を決め，話の内容を具体的に取り上げる。

⑤ どこから話すかがわかるよう番号を記述するとともに矢印を付けておく。

⑥　普段，前に出て話すことが苦手な人に挑戦してもらうと良い。

４．いよいよプレゼンテーションの実施。発表者を中心に，グループで協力することが大切である。見やすいように資料を掲示したり，時間を計ってタイミングを伝えたりする係もグループで分担しよう。簡単な自己紹介から入って，何を伝えたいのか，その理由は何か，補足情報は適切かなどを，聞いている側がチェックするとよい。話し方，声の大きさ，目線，姿勢，身振りなども注意して発表しよう。グループメンバーが書いた付箋紙を使って整理した模造紙を，発表資料として使う。

　　　わかりやすいプレゼンテーションの工夫

・話す順番の基本を理解しておこう。

　　① 　はじめにプレゼンテーターの自己紹介を簡単に
　　② 　何を話すのか要約して話す（概要）
　　③ 　本論（各項目の内容）を詳しく話す
　　④ 　最後にもう一度何を話したかをまとめる（まとめ）

・大勢の前でも１対１で対話するように話す
・目線を大事に，声の大きさ，早さにも気を配って
・状況が目に見えるように，絵を描くように話そう（体験等を入れて）
・自分らしさを活かして，感情を出して話そう（人間と人間の心の交流，つまりコミュニケーションである）
・聞いてもらうために誠実な態度で臨もう
・身ぶり，手ぶり，表情で気持ちを伝えよう
・聞き手の方を向いて話し，資料を見せる時は話を中断しよう
・重要なフレーズは何度も繰り返す
・時間配分を考え，終了時間を守る（クロージングの言葉を準備）

５．グループ内で自由に話し合った後，時間があればクラスで報告しよう。
時間がない場合は，以上の点を振り返りシートに書いて提出しよう。

　　① 　何が伝わったのか？
　　② 　聞き手の受け取り方は？
　　③ 　発表してどう感じたのか？

それぞれのグループに対して,「良かった点」「さらに良くなる点」を1つ以上挙げられるように考えてみよう。

```
┌──振り返りシート─────────────────────────────┐
│ • 発表を行って気づいたこと・考えたこと                        │
│                                              │
│                                              │
│                                              │
│                                              │
│                                              │
│                                              │
│ • 他のグループの発表を聞いて気づいたこと・考えたこと              │
│                                              │
│                                              │
│                                              │
│                                              │
│                                              │
│                                              │
│                                              │
└──────────────────────────────────────────┘
```

6. 自分たちの発表を評価してみよう

```
┌──────────────────────────────────────────┐
│                                              │
│                                              │
│                                              │
│                                              │
│                                              │
│                                              │
└──────────────────────────────────────────┘
```

まとめ

　今回の演習では,プレゼンテーションのために,何を伝えるのかを明確にして情報を整理する作業に時間をかけている。英語で「プレゼント」とは,覆い隠されていたモノを明らかにする,という意味がある。つまり,プレゼンテーションでは,発表者の中にある考えや気持ちを,聞き手にわかりやすく表現して,伝えようとすることが

大切なのである。そのためには,「何を伝えるのか」よりも,「どのように伝えるのか」をよく考え,丁寧に準備することに意味がある。伝えるべき内容が同じものであっても,その伝え方によって,相手の受け取り方が違ってしまうためである。

　たとえば,友達の誕生祝いに贈り物をするとしよう。むき出しの品物をぽいっと放り投げて渡す場合と,きれいに包装してカードとリボンをつけて手渡しするのでは,受け取る側の印象や気持ちは大きく違うだろう。どんなメッセージを伝えたいのかによって,伝える方法を変化させ,伝えるべき内容をいかに表現するのかを工夫することが,プレゼンテーションのポイントとなる。

［プレゼンテーション］　理解度チェックリスト

1．導入ワークにおいて,自分の伝えたいことを明確にすることができた。

　　□　よくできた　　　　□　できた　　　　□　十分ではない

2．導入ワークにおいて,他者の意見を受け入れる姿勢について理解できた。

　　□　よくできた　　　　□　できた　　　　□　十分ではない

3．展開ワークにおいて,情報の整理と優先順位を考えることができた。

　　□　よくできた　　　　□　できた　　　　□　十分ではない

4．展開ワークで,聞き手にわかりやすく伝えるために情報整理することが理解できた。

　　□　よくできた　　　　□　できた　　　　□　十分ではない

5．展開ワークで,実際の発表を体験して,何をどう伝えたら聞き手に伝わるのかを考えることできた。

　　□　よくできた　　　　□　できた　　　　□　十分ではない

6．展開ワークで,聞きやすいプレゼンテーションとは何かが理解できた。

　　□　よくできた　　　　□　できた　　　　□　十分ではない

3　　ネゴシエーション

┌─ **学習のねらい** ─────────────────────

　ソーシャルワーク実践では，主要な技術（スキル）の一つとして，「ネゴシエーション」が必要になると考えられる。ここでは，具体的なシチュエーションを想定した上で，演習を通じてそれを習得していく。ソーシャルワークとネゴシエーションの関連性について把握した上で，まずは導入ワークにおいて，グループごとに，これまで利害が対立したケースについて検討し，さらに展開ワークでは，児童養護施設の入所児童と職員間での具体的なやりとりを通じて，ネゴシエーションを理解していく。

└──────────────────────────────────

・**Keyword**：行為，価値観，交渉

・**ワークに必要なもの**：秘密情報カード（Ａさんグループ／施設職員グループ）（巻末資
　　　　　　　　　　　　料参照）

■1 **導入ワーク──利害の対立事例**

1．4〜5人のグループを作ろう。そしてその中で，これまで皆さんが日常生活を送ってきた中で，最も利害が対立したケースを洗い出してみよう。授業，部活，バイト先，友人との関係などで対立したケースについて，あくまでもグループ内で話せる内容にかぎって，互いに出し合ってみよう。

2．困難ケースを，グループで2〜3個にしぼってみよう。そしてなぜ対立したのか，背景にある価値観にまでさかのぼって考えてみよう。利害が対立し，関係性がこじれてしまったケースの背景には，かならず，価値観の不一致があったと考えられる。互いに相手にとって「良かれ」と行っていた場合であればあるほど，解決できないほど感情的に関係がこじれがちである。どのような場合に関係性が悪化してしまうのか，グループ内でよく話し合った上で，他のグループのメンバーに発表できるものを1つ挙げてみよう（なおグループ数は，1つのクラスで，偶数分を設ける）。

3．他のグループのメンバーに対して，以下の点を踏まえ，自分たちが話し合った内

78

第2章　ソーシャルワークの技術

容を発表しよう。

① 具体的にどのような関係性の中で，利害の対立が生じたのか。

② その際に，どのように対立を解決しようとしたのか。また，結果的に解消できたか。

③ 対立の背景にあった両者の価値観は，それぞれどのようなものであったか。

―― グループでの意見 ――

2 展開ワーク――ネゴシエーションの事例

　導入ワークを行ってみて，どう感じたであろうか。これまで皆さん自身が，さまざまな利害対立を経験してきたということが理解できたのではないだろうか。ソーシャルワーカーは，本当の意味でクライエント第一主義を貫いていくためには，色々な相手とネゴシエーション（交渉）していくことが求められてくる。利害が対立したままでは，クライエントのためにならない。場合によっては，たとえ相手がタフであろうとも，果敢に挑んでいかなければならないこともあると思う。

　ここでは，ある児童養護施設での事例を通して，ネゴシエーションのあり方について，グループごとに考えてもらう。この事例は，児童養護施設に入所している児童とのネゴシエーションに関するものである。その具体的なあり方について，一緒に考えていこう。

―― 事例　ある児童養護施設での出来事 ――

　児童養護施設での出来事である。施設職員は，施設に入所している小学校高学年の児童Ａさんから，来月行われる予定の施設対抗野球大会に使うグローブを新調したいとの申し出を受けている。今まで使ってきたものは，すでに施設で長く使われてきており，使いづらいという。また中学に入ったらぜひとも野球部に入って活躍したいともいう。そこで，前々から目星をつけていたグローブがあるので買ってもらい，それを使ってすぐにでも野球の練習をしたいとのことである。

　ただしお目当てのグローブであるが，値段が7,000円もする。施設予算としても，急な

79

出費になる。職員側としては正直なところ，すでに使えるお金に余裕がなく，Ａさんの申し出をきっぱりと断りたいというのが実際である（施設長からは，無駄な出費は極力削るよう，厳命されている）。そこで職員側は，Ａさんとネゴシエーションの場を設けることにした。

　ここでグループの役を，Ａさんと施設職員の２人のいずれかに設定する。仮にグループが４つあれば，２つはＡさん，残りは施設職員とする。

１．それぞれのグループごとに，ネゴシエーションの場で，自分たちの要求（Ａさんグループ：極力，余計なことは約束せずに，グローブを買ってもらいたい，施設職員グループ：同じように，極力，グローブの購入は先送りにしてほしい）を通すための作戦を練ってみよう。なおその際には，以下のネゴシエーションのテクニックを参考にしていただきたい。[2]

　　①　「いやならおやめください」

　　　（メッセージ）こちらの条件をのまないのであれば，交渉は打ち切る。

　　②　「もっと安いものはないだろうか」

　　　（メッセージ）こちら側が受け入れやすい条件に変えてほしい。

　　③　「他の施設と比べてみると…」

　　　（メッセージ）他の施設の状況と比べてみると，自分たちの要求が妥当である。

　　④　「これも追加でおまけして」

　　　（メッセージ）さらにこんなこと，追加できないだろうか。

　　⑤　「予算はこれだけ」

　　　（メッセージ）もうお金がない。許してほしい。

２．なおその際には，それぞれの秘密情報カード（巻末資料参照）を参考にして，次の展開を考えよう。

３．１つのＡさんグループと１つの施設職員グループで，他のグループの前で，事前に立案した作戦を基にネゴシエーションを行う。そしてすべてのグループが，ネゴシエーションを体験するようにしていく。

４．はたして，自分たちのネゴシエーションは，うまくいっただろうか。グループごとに検討しよう。その後，相手方にグループと秘密情報カードを互いに交換し合い，再度，必要に応じて作戦を立て直そう。

５．新しい作戦の下，再度，交渉を行ってみよう。その後再度，グループごとに検討を行い，ネゴシエーションには，はたして何が必要になるのかまとめ，グループごとに発表しよう。

ま と め

　田村次朗によれば，ネゴシエーションする際に最も大切なのは，互いに相手の情報を知るということだという[3]。「大切なことは，交渉が終わってから相手と紙を交換して，相手の情報を知ることである。あー，そういうことだったのか，それが早くわかっていれば，もっといい交渉ができたのにってみんな言います[4]」。みなさんの場合は，どうだったろうか。

　さらにネゴシエーションするにあたって，過度に感情的にならないことも，1つの大きなポイントになってくる。「あまりに感情的なやり取りが続くと，交渉決裂なんてことにもなりかねない。そこで，交渉全体をクールダウンさせ，感情とうまく付き合っていくしかない[5]」のである。また感情の裏には，価値観があるということも，見逃してはならないところである。感情的になるのは，「なぜ相手は，自分の言うことを聞いてくれないんだろう」という気持ちがあるからだろうし，その背景には，「相手は～してもいいはずだ，いや～するべきだ」という強固な価値観があると考えられよう。

　今回の事例のように，「施設職員／入所児童」といったそれぞれが置かれている立場にこだわって交渉すると，「お互いが譲り合う余地は極めて限られてしまい，創造的に問題を解決することが難しくなってしまう[6]」。そのような場合には，「『立場』ではなく『利害』を考えること[7]」が重要である。まさに，「利害は1つではないことに気づき，複数ある利害を調整するという視点[8]」こそが，最も求められてくることになる。

注
(1)　田村次朗「『交渉学』の核心」『16歳からの交渉力』実務教育出版，2015年，91-116頁。
(2)　なおこれらのテクニックは，高杉尚孝『実践・交渉のセオリー――「OK」を引き出す13のテクニック』PHP研究所，2005年，84-195頁に掲載されている8つの交渉テクニックを参考に，児童養護施設のケースにあてはまるように改変したものである。
(3)　田村次朗，前掲書，100頁。
(4)　同前書，100頁。
(5)　同前書，101-102頁。
(6)　同前書，104頁。
(7)　同前。
(8)　同前。

［ネゴシエーション］　理解度チェックリスト

1．導入ワークにおいて利害の対立の背景には，価値観の相違があることが理解できた。

　　　　□　よくできた　　　　□　できた　　　　□　十分ではない

2．展開ワークにおいて，ネゴシエーションの秘訣は，互いの立場を超えて，利害が一致するポイントを探すことにあることが理解できた。

　　　　□　よくできた　　　　□　できた　　　　□　十分ではない

第 2 章　ソーシャルワークの技術

―― コラム 5　ソーシャルワークとネゴシエーション ――

　第1章第2節「多様性の理解」でもみたように，私たちが日々生活を送っていく上で，価値観は大きな影響を与えている。いったい何が当たり前なのかは，その人が属している集団の価値観による。さらに私たちの行為は，その価値観に沿ったものであることが求められるのである。なおここでいう「行為（act）」とは，すなわち，ある特定の目的をもちつつ，思慮や選択によって意識的に行われるものであり，行動（behavior）とは異なっている。行動はあくまで，人間や動物が内的・外的刺激に対して示す反応に過ぎない。たとえば，昆虫が光という刺激に向かって突き進んでいくようなもの（走光性）で，その際には，かならずしも目的が明確に意識されているという訳ではない。その意味で，この昆虫はあくまで行動しているだけであり，必ずしも行為しているという訳ではないのである。一方で人は常に，自らが属する集団固有の価値観に沿った目的に向かって，行為し続けていると考えられる。

　また，よくよく考えてみるならば，ここでいう行為は英語で act と表記されるが，一方で似たような英単語に actor というものがある。これは，俳優や役者のことを意味している。俳優や役者は，テレビドラマの中や舞台上で，ある物語の筋書を演じる。この筋書きには必ず作者がおり，そしてその作者が，ある特定の価値観や目的をもった物語を描きだしているのである。その意味では私たちは皆，すべて，その都度与えられている状況（すなわち，舞台）の中で，自らが属する集団が作者として創り出しつつある物語を演じるよう運命づけられた，俳優や役者である，ともいえるであろう。ただし前述したように，その物語には，私たち自身が属している集団の価値観や，それを基にした目的といったものが，色濃く反映されている。

　あなたが将来，ソーシャルワーカーとして仕事をするようになると，必然的に，自分が属する職場の価値観や，職能団体（日本社会福祉士会や日本精神保健福祉士協会など）の価値観を基に，行為していくことが求められてくる。ソーシャルワーカーとして仕事をしていく限り，自分独自の価値判断だけで行為することは許されない。あなたがソーシャルワーカーである限り，他のソーシャルワーカーも属するソーシャルワーカー集団の代表として，行為することが求められてくるのである。

　一方で，あなたの支援や援助の対象であるクライエント（利用者）もまた，ある特定の集団に属している。同じようにそこの価値観を基に，行為していると考えられる。しかしその集団は常に，ソーシャルワーカーが重んじていくような人権や社会正義といった，グローバル定義に明示されている価値観に重きを置いているとは限らない。児童虐待やドメスティック・バイオレンス（DV）等が頻繁に見られる集団では，ソーシャルワーカーが重視する（人権や社会正義といった）価値観が，かえって軽視されている場合が，少なからず予想されるのである。そのような場合にソーシャルワーカーは，そういった集団に介入（インターベンション）することによって，そのような事態を積極的に解消していくことが求められている。そしてその際には，クライエントとソーシャルワーカー間の対等な関係を基盤にしたネゴシエーションが求められてくるのである。

（田嶋英行）

4　ファシリテーション

学習のねらい

　ソーシャルワーカーは，クライエント支援において，家族や他の専門職，他機関等関係者との連携を図るキーパーソンとなることが期待されている。クライエントを中心とした関係者との話し合い，支援方針等に関する議論，また意思決定を円滑に，かつ効果的に行うためにファシリテーターとしてのコミュニケーションが求められている。

　クライエントの支援に関わる人々が，議論や意思決定において効果的にその有する機能を表出できるよう促進するのがファシリテーターであり，その実践に必要な概念と技術について理解を深める。導入ワークでは，ファシリテーターとしてのコミュニケーションを体験してみる。そして，展開ワークでは，事例を活用しながらファシリテーターの視点を学習する。

• Keyword：機能促進，要約，構造化

• ワークに必要なもの：特になし

1　導入ワーク──ファシリテーターのコミュニケーション

1．まず3人組を作ろう。それぞれの組で1番から3番まで順番を決め，1番の人から順に3分間の自己紹介をしよう。他の2人はその自己紹介をよく聞いて，聞いた内容を要約して自己紹介をした人に発表してみよう。自己紹介をし，報告を受けた人は，その内容を，以下の要領で4段階で評価する。

　　4．うまく要約されている（私のことを表している）

　　3．まあまあ要約されている（私のこと…だと思う）

　　2．あまり要約されていない（私のこと…なのか？）

　　1．要約されていない（だれの話？）

2．あなたの目の前にあることで悩んでいる友人がいる。その友人は、「アルバイトで失敗をしてしまった…。収支があわず、店長はもちろん、他のアルバイトの仲間にもすごく迷惑をかけてしまった…」と言って落ち込んでいる。出来事に関する詳細はよくわからない中、あなたがその友人に言うであろう質問（メッセージ）を下記に記入しよう。また、それをメンバーで共有しよう。

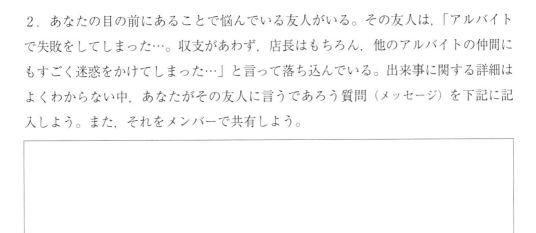

3．3人組で全員が「諺(ことわざ)」を1つ頭に思い浮かべよう。その諺を口には出さず、他の2人に伝えてみよう。つまり、諺そのものではなく、諺を説明するいくつもの言葉を他の2人に伝えてほしい。他の2人はその言葉を聞きながら、その人が伝えようとしているメッセージ（諺）を想像して「○○ですか？」と確認してみよう。

2 展開ワーク――ファシリテーターの視点

　介護職員の離職率が問題視されることがある。2015（平成27）年2月に報告された第4回社会保障審議会福祉部会福祉人材確保専門委員会の報告によると、介護職員の離職率は、産業全体の離職率と比較し、飛び抜けて高いわけではないとのことである。しかし同様の報告の中にも、「人手不足」と感じている事業所が年々増加傾向にあり、訪問介護員と施設等の介護職員を合わせると、6割以上の事業所が不足感を感じているという結果が出ている。

　一つの例として示す下記の事例においても、やはり職員の離職に伴う問題が提示されている。生活相談員の、他者（介護主任、事務長）に対する働きかけに注目して読んでみよう。

─── 事例　介護事務所の人手不足への対応 ───

パターンⅠ

介護主任：何とか人員が整って，やっとそれなりに余裕をもって利用者の方への支援ができると思っていたのですが…。また，退職者ですか…。来月の勤務予定はすでにできてしまっていて，介護スタッフにもそれぞれ事情があって，急に予定変更は難しいのですが……。

事務長：介護スタッフには迷惑をかけて本当に申し訳ないですが，何とか勤務を調整してみて下さいよ。人手が足りないのでは，利用者の皆さんに迷惑がかかりますから。

生活相談員：急に人が辞めてしまって，現場にも採用側にも事情があるでしょうから，ここは腹をわってじっくり話し合いましょう。スタッフには，まだ子どもが小さい人もいたり，ローテーションはずいぶん先まで決まっていますが，変更は何とかならないのでしょうかね。

介護主任：スタッフに無理を言って，勤務を変更してもらうしかないでしょうね。そうしろとおっしゃるのであれば，やるだけのことはやってみますが，スタッフの不満まではフォローしきれませんよ。

生活相談員：介護主任さんもこう言ってくれていますので，人員補充の方も，もう少し頑張ってもらえないでしょうかね。

事務長：最近の介護業界の人手不足はご存知でしょう。かつてなら，すぐに人が探せたんですが，状況が一変してしまって。いろいろ募集をかけていますが，こちらが思うようにはいかないんです。

生活相談員：ですので，そこを何とかできないか，とお願いしているんじゃありませんか。

事務長：わかりました。現場が大変な状況もあるでしょうから，さらに募集をかけてみますよ。条件も，理事長にかけあって良いものにするしかありませんね。

生活相談員：そう言ってもらえると，みんな助かります。じゃあ，お互いよく話し合って，とにかくみんなで解決に向けて頑張りましょう。

パターンⅡ

介護主任：ようやく現場の人員が整って，余裕をもって利用者の方に支援を実施できると思っていたのに……。人が辞めたから勤務を変更しろだなんて。毎回そんな急で無理な要求は受けられません。人の配置はそちらで何とかして下さい。

事務長：介護業界の人手不足はこの国の問題です。採用側だけの問題ではないのです。そもそも，こういった窮地に対し，臨機応変に対応できていない現場のせいで人が辞めていくんじゃないか。

生活相談員：あまり熱くならないで下さい。まずはお互いの責任範囲を確認することから始めましょう。現在，勤務体制はどのように決めていますか。

介護主任：月の初めに2カ月先の公休希望をそれぞれ表に記入してもらっています。それを該当月の1カ月半前に確定して，全員に配布しています。

生活相談員：ということは，それぞれの都合に応じて，1カ月半先の予定は確定してし

まっているのですね。すでに確定してしまっているのに，急に変更してくれというのは確かにルールに反しますね。それが何回も続くようでは困ります。人員の補填を何とかしてもらわなければなりません。

事　務　長：そんなすぐに人員の問題は対応できません。さっきも言ったように，これはこの施設だけの問題ではないのですから…。わかりましたよ。その代わり，どのような人であったとしてもきちんと教育して下さいね。

介 護 主 任：それは困りますよ。ちゃんとやる気をもって取り組んでもらわないと，またすぐに「やめる」なんて言い出すかもしれませんし。

生活相談員：まずは人が必要であるならば，多くを望んではいられません。事務長は人員の補填を，介護主任は職員の勤務を変更していくことが果たすべき任務です。

1．3人組にて，「生活相談員」「介護主任」「事務長」の役割分担を行い，「パターンⅠ」「パターンⅡ」をそれぞれ演じてみよう。

　台詞をすべて読み終わったら，「パターンⅠ」「パターンⅡ」の違いについてメンバーで意見を出し合おう。なお，「違い」にはさまざまな次元のものが含まれても構わない。

2．登場人物を「生活相談員」「介護主任」「事務長」とした上で，「パターンⅢファシリテーターが進める議論のシナリオ」をメンバーで作成してみよう。その際，ファシリテーターは「生活相談員」とする。作成したシナリオを全体で報告しよう。

—— パターンⅢ（ファシリテーターが進める議論のシナリオ）——

ま　と　め

　ファシリテーションには，「促進」「円滑」「助長」などの意味がある。ソーシャルワークにおいては，クライエントや，クライエントに関わる人々が効果的に機能を果たせるように（果たすことを）「促す」ことであり，ソーシャルワーカーには，クライエントや，関連するメンバーに力動的な関係を生じさせるファシリテーターとしての役割が求められている。具体的には，支援を取り巻く関係者との議論や意思決定において，ファシリテーターとしてのコミュニケーションを行い，その場にいる人々の間で生じる可能性のある誤解や行き違いを修正し，クライエントはもちろん，参加者の気持ちや意見を代弁し，要約などを用いて意見を共有，また伝わりにくい場合には別の言葉に言い換え，明確化し，内容の補足を行い意見が伝わりやすくするよう働きかける。

　関係者がより良い関係を築きながら，互いに Win-Win の状態をコーディネートしていくことがファシリテーションの大きな目的であることを理解する必要がある。また，当然のことながら，その先には，クライエントの最善の利益という共通の目標があることを忘れてはいけない。

参考文献
　堀公俊『問題解決ファシリテーター──「ファシリテーション能力」養成講座』東洋経済新報社，
　　2003年。

［ファシリテーション］　理解度チェックリスト

1. 導入ワークにおいて，同じグループの人の自己紹介を要約し，それを評価・共有
　　することが理解できた。
　　　　　□　よくできた　　　　　□　できた　　　　　□　十分ではない

2. 導入ワークにおいて，効果的な質問方法について理解できた。
　　　　　□　よくできた　　　　　□　できた　　　　　□　十分ではない

3. 導入ワークにおいて，明確化について理解できた。
　　　　　□　よくできた　　　　　□　できた　　　　　□　十分ではない

4. 展開ワークにおいて，事例の内容を十分に理解できた。
　　　　　□　よくできた　　　　　□　できた　　　　　□　十分ではない

5．展開ワークにおいて，パターン I とパターン II の違いについて意見を述べること
　ができた。
　　　　□　よくできた　　　　□　できた　　　　□　十分ではない

6．展開ワークにおいて，ファシリテーションを意識したシナリオについて，メン
　バーと協力しながら作成できた。
　　　　□　よくできた　　　　□　できた　　　　□　十分ではない

7．ファシリテーションの機能の一部について理解できた。
　　　　□　よくできた　　　　□　できた　　　　□　十分ではない

8．ファシリテーションにおけるソーシャルワーカーがもつべき視点について理解で
　きた。
　　　　□　よくできた　　　　□　できた　　　　□　十分ではない

5　マッピングツール

> **学習のねらい**
>
> マッピングツールは，ソーシャルワーカーが情報を視覚的に整理し，家族関係の分析や考察を行う際に活用されるものである。導入ワークでは，身近な人物を中心としたジェノグラムの基本的な書き方を学び，ファミリーマップ・エコマップを活用して家族間の関係性や社会環境を図表に表すことを体験する。そして展開ワークでは，マッピングツールを用いることで，個人や家族を取り巻く社会とのつながり（関係性）をとらえることを学ぶ。

- Keyword：ジェノグラム，ファミリーマップ，エコマップ

- ワークに必要なもの：特になし

1　導入ワーク──ジェノグラム・ファミリーマップ・エコマップを作成しよう

（1）身近な人物を中心としたジェノグラムを作成しよう

1．ジェノグラムとは，家族構成を把握するツールの一つである。下記の表記法を参考に，自分以外の家族や親族などの中から1人を選び，その人を中心としたジェノグラムを次頁の記入枠1の枠線内に作成してみよう。

※個人情報保護の観点から，差し支えの無い範囲で記述すること。

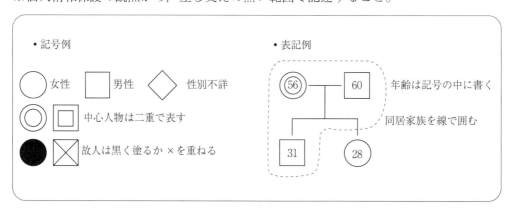

2．グループに分かれて，書き方に迷った部分，難しいと感じたところ，工夫した点などについて話し合ってみよう。

―― 話し合った内容 ――

（2）ファミリーマップ・エコマップの書き方を学ぶ

　ファミリーマップは，家族間の人間関係や距離感，感情の流れを記号で表すもので，家族関係をより視覚的にとらえるために用いられる。エコマップは，家族を取り巻く社会的環境や社会資源との関係性を理解する際に有効であり，関係機関とのつながりを把握し，役割分担やネットワーク作りに活用されるものである。

1．導入ワーク(1)で作成したジェノグラムに，ファミリーマップ（家族間の関係性）を線の強弱や矢印など表現を工夫して書き加えてみよう。

―― 記入枠1 ――

2．次に，家族の生活に影響を与えている事柄（職場や趣味，友人や知人など）や社会生活上のつながりを書き加え，エコマップを作成しよう。

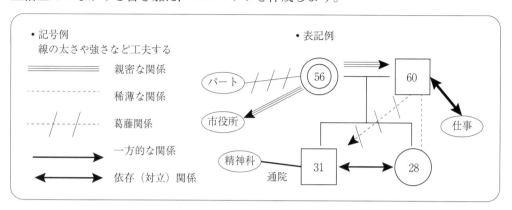

3．作成した図表について，隣の席の人に説明してみよう。また，エコマップにはどんな内容を記入しただろうか。書き加えた事柄について，お互いに話し合ってみよう。

書き加えた事柄	気が付いたこと・感想や意見
例：仕事，市役所，精神科等	

2 展開ワーク──ジェノグラム・エコマップを用いて記録を作成する

1．2人以上のグループに分かれ，1人が事例を読み上げ，他のメンバーはその内容をジェノグラムやエコマップを用いて記述しよう。

――― 事例　一人親家族 ―――

　現在37歳のA子さんは，15歳と3歳の息子と3人で生活している。A子さんが13歳の時に両親が離婚し，父親は借金を残して蒸発した。母親は体が弱く入退院を繰り返していたため，A子さんが家事全般を行っていた。高校を卒業後，清掃業社に就職し，職場で出会った男性と同棲中に長男が産まれた。半年前，次男に発達障害の疑いがあると指摘されてから男性がA子さんに暴力を振るうようになり，2カ月前から別居している。A子さんは仕事と育児に追われているが，病気がちな母親には気を遣って頼れずにいた。

事例　進学をめぐる家族の思い

　高校2年生のB子さんは，1つ年上の姉と4つ下の弟の3人兄弟である。B子さんと姉は同じ高校のテニス部で県大会に出場するなど活躍をしていた。テニス部を引退した姉の大学進学を巡り，教育熱心な母親と姉の親子喧嘩が増え，B子さんが仲裁することもしばしばあった。姉は大学ではなくファッション関係の専門学校を志望している。B子さんの弟は，私立中学校の受験に失敗し公立中学校に入学したものの，学習塾の欠席が目立つようになり成績も落ちてきている。父親は仕事で帰りが遅いため，子どもたちとの会話はほとんどない。

事例　長男家族との同居

　84歳のCさんは，6年前に妻をガンで亡くしてから長男家族と同居している。

　長男の妻がCさんの食事や洗濯など，身の回りの世話をしていたが，9カ月前にCさんが脱水症で8日間入院してから，長距離の歩行が難しくなり，デイサービスを週2日利用するようになった。隣り町に住む長女は，障害者施設で看護師として働いており，休みの日には時々Cさんの好きなアンパンを手土産に長男宅へ来る。Cさんはカラオケとお風呂が好きで、デイサービスの日を楽しみにしている。

2. グループで，それぞれが作成した図から読み取れること，気になったこと，さらに必要と思われる情報などについて話し合ってみよう。

―― 話し合った内容 ――

ま と め

　相談援助の過程では，利用者やその家族の生活状況について多くの情報を得る。ソーシャルワーカーには，それらの情報を正確に記録し，アセスメントやプランニングに用いる技術が求められるとともに，他の専門職種と情報を共有すること，他者の記録から状況を読み取る力も必要となる。マッピングツールは，文章による説明を簡略化するだけではなく，記号や図を用いて情報を整理することで，家族関係やその歴史を視覚的に把握したり，社会とのつながりを分析することにも有効である。導入ワークでは，見知った人物の人間関係を表現する難しさも感じたのではないだろうか。人間関係は，"関係が良い""関係が悪い"と単純に割り切れないものである。時間の経過とともに変化し，また，複雑な感情や思いが交錯しながら社会の中で家族が成立していることを理解する必要がある。

[マッピングツール] **理解度チェックリスト**

1. 導入ワーク(1)において，自分が作成した図の内容を説明できた。

　　□　よくできた　　　　　□　できた　　　　　□　十分ではない

2. 導入ワーク(1)において，難しかった点や工夫した点について話し合うことができた。

　　□　よくできた　　　　　□　できた　　　　　□　十分ではない

3. 導入ワーク(2)において，家族の関係性を考え記述することができた。

　　□　よくできた　　　　　□　できた　　　　　□　十分ではない

4. 導入ワーク(2)において，社会とのつながりを記述できた。

　　□　よくできた　　　　　□　できた　　　　　□　十分ではない

5. 導入ワーク(2)において，自分が作成した図の内容を説明できた。

　　□　よくできた　　　　　□　できた　　　　　□　十分ではない

6. 展開ワークにおいて，作成した図から生活状況や課題を考察できた。

　　□　よくできた　　　　　□　できた　　　　　□　十分ではない

7. マッピングツールを用いて情報を視覚化することの意義が理解できた。

　　□　よくできた　　　　　□　できた　　　　　□　十分ではない

6 記　　録

学習のねらい

　ソーシャルワーカーは常に援助展開過程を意識し支援を行うとともに，その支援内容について随時記録する必要がある。そこで導入ワークでは，身近にある記録について確認することで，記録の重要性を理解する。また，医療現場で一般的に用いられている SOAP 方式による記録法を学ぶことで，各種の情報から主観と客観を区別した記録作成の手法を学ぶ。さらに導入ワークでは，実際に面接・相談記録を書いてみることで，実践的な記録の書き方について学ぶ。

・**Keyword**：記録（種類，目的，方法や様式，書き方），SOAP 方式[1]

・**ワークに必要なもの**：特になし

1 ┃ 導入ワーク──身近にある記録と SOAP 方式による記録

　1. 日常生活の中で私たちが行う「記録」にはどのようなものがあるか，またその記録の目的はどのようなものなのか書き出してみよう。その後，書いた内容についてペアになり意見交換をしよう。

記録をしているもの	目　　的
（例）日記	日々の出来事を後から思い出したいため

　2. あなたと友人Ａとの会話を想定した次の事例について，①主観的情報，②客観的情報，③分析・評価，④支援計画に分けて該当する内容を，次頁の表にそれぞれ記載してみよう。その後，記載した内容についてペアで意見交換しよう。

96

第2章　ソーシャルワークの技術

┌─── 事例　友人との約束 ─────────────────────────────────────┐

　1週間前から今日一緒に遊びに行こうと約束していた友人Aが，今朝になって急に行け
なくなったと言ってきた。理由を聞くと，昨日から風邪を引いたらしく，とても遊びに行
ける状態ではない。今朝，家で熱を計ったら38℃と高かったが，どうしても休めない講義
があったため，無理をして学校には来たとのことであった。いつも健康そのものの友人A
が，今日は確かに顔色が良くなく，具合が悪そうである。

└──┘

①主観的情報（S） ：友人Aの訴え	
②客観的情報（O） ：①以外に得られた情報	
③分析・評価（A） ：①，②の情報に対しあなたが 　考えたこと	
④支援計画（P） ：③に対し，あなたが必要だと 　思った行動	

2　展開ワーク──記録票への具体的な記入

1．面接・相談記録票に，以下の手順で記入してみよう。

　　①　インテーク時の逐語録をクラスの代表者2人（子〔長女〕役と社会福祉士役）
　　　が読み上げる。これを聞くとともに配られている逐語録を通読する。
　　②　別途，配られている面接・相談記録票に社会福祉士の立場で記述をする。

2．書き終わった面接・相談記録票を隣の席の人と交換し，お互いに読み，次の点を
踏まえ意見交換をしてみよう。

　　①　わかりやすく書かれているか。
　　②　逐語録だけで必要な項目はすべて書かれているか。
　　③　足りない情報については今後どのように入手すればよいか。

ま　と　め

　ソーシャルワークにおける記録とは，ソーシャルワーカーが行う一連の援助展開過程に関する事象について書いた文書といえる。

　ソーシャルワーカーは常に援助展開過程を意識し，その過程に沿った支援を提供していくことが重要であるが，記録についても「自分が行っている支援の意味」を意識し，「今，自分が支援において何をしているのか」を明確にしながらとることが重要である。

　一方，記録票については，対象者や援助展開過程の中で様式や形式が異なることもあるが，それぞれの記録の意味や目的に沿った書き方を施設や機関，事業者等内で定めて，効率的でわかりやすく，ばらつきが出ないようにする必要がある。

　また，記入にあたっては，丁寧な言葉遣いを心がけ，利用者の言葉などによる利用者の主観的事実と客観的事実を記録するように心がけ，支援者の主観的情報による記述は避けなければならない。これは，施設内等での情報共有の際はもちろんのこと，多職種連携における記録の利活用，さらには対象者の正当な知る権利である情報開示請求に備える意味からも大変重要である。

　本節では，面接・相談記録票に実際に記入してみたが，各種の支援記録や業務日誌等の様式・形式でも実際に記入してみることが大切である。

注
⑴　医療現場で一般的に用いられている記録形式で，主観的情報（Subjective），客観的情報（Objective），分析・評価（Assessment），支援計画（Plan）の一連の流れで構成される。

参考文献
厚生労働省雇用均等・児童家庭局家庭福祉課「母子生活支援施設運営ハンドブック」2014年3月。
八木亜紀子『相談援助職の記録の書き方――短時間で適切な内容を表現するテクニック』中央法規出版，2012年。

第2章　ソーシャルワークの技術

―― 事例：インテーク時の逐語録――子（長女）と社会福祉士（地域包括支援センター職員）の会話 ――

子①：ごめんください。県営××団地に住むＡの娘のＥと申します。隣のＹ町に住んでいます。（実）母のことで少しご相談したいことがあるのですが。

社会福祉士①：こんにちは。はじめまして，社会福祉士のＺです。どうされましたか？

子②：ええ。××団地の５階に住む母のＡのことなのですけど，担当のケアマネジャーさんに相談したところ，包括に相談してみればどうかとアドバイスをもらって，来てみたんです。ケアマネさんからは何か連絡が入っていますか？

社会福祉士②：××団地のＡさんですよね。まだです。すみません。

子③：母は膝関節の障害で要介護１です。それとは別に１年ぐらい前から，次第に物忘れが激しくなっていましたが，先週，顔を見に行ったら，先月行った時と見違えるほど悪くなっているのです。

社会福祉士③：悪くなっている……というと？

子④：部屋の中は尿の臭いがするし，新聞やごみ，それに飲み忘れている薬が部屋中に散らかっているし。あまりにひどいので，少し片づけてみたら，団地の家賃の支払いや光熱費の催促状もそのままになっているんです。

社会福祉士④：（うなづく）そうなのですか。

子⑤：先月50歳になった弟（Ｂ）と一緒に住んでいるのですが，弟も昔から心の病で，自分の部屋にいることが多く母の世話ができていないんです。母は，「足が弱ってきて外に出られなくなってきた」「最近よく忘れるようになった」と話していて。介護サービスを増やしたいと母と弟に話したのですけど，「まだ，いい」と言って……。サービスを増やすのも難しいし，私ではどうすることもできないと思って。

社会福祉士⑤：なるほど……そうですか。これまでの経緯をもう少し詳しく聴かせてもらえませんか。

子⑥：はい，どこから話したらいいですか。

社会福祉士⑥：それでは，お母様が介護保険の認定を受けたあたりから話していただけますか。

子⑦：母が要介護認定の申請をしたのは，75歳になったばかりのちょうど１年前で，その頃も軽い物忘れがありましたが，母と私の２人で市役所まで手続きに行きました。膝関節はもともと悪くて５年前に手術をしたこともあります。思えば，物忘れは父が亡くなった３年前から少しずつ始まっていたかもしれません。生活費は遺族年金と母の国民年金を合わせて月17万円ぐらいです。

社会福祉士⑦：なるほど。それと弟さんとは，コミュニケーションが図れていないようですが…。

子⑧：ええ，今回きちんと弟とも話ししてみたんです。すると，十分なことはできていないけど母のことは心配だし，面倒を見なければと思っているようなんです。でも自分のことで精一杯と言う感じで，お金のことが心配みたいですね。私は２人兄弟の長女ですが，家庭があるので，経済的な援助は難しくて。母も弟のことは心配していて，以前から弟とこのまま生活したいと話しています。

社会福祉士⑧：ご本人たちの気持ちを大切にした支援をしていきたいですね。

子⑨：そうなんです。母達の事について，一緒に考えていただけますか。

社会福祉士⑨：わかりました。それでは，早速，ご自宅へ訪問してみましょう。娘さんも同席をお願いします。１週間後の金曜日，午前10時の待ち合わせでよいですか。

子⑩：大丈夫です。今日，これから母の家に寄って話します。

出所：厚生労働省老健局振興課「平成26・27年度地域ケア会議運営に係る実務者研修資料」を一部改編。

記録作成日：　年　月　日　　**面接・相談記録票**

センター長	担当（記録）

相 談 日	年　月　日（　）	相談者：	本人との関係（　　　　　）
		連絡先：	相談方法：電話・来所・訪問

本人の現況	在宅・入院中（　　　　　　　）・入所中（　　　　　　　　　）・その他（　　　　　）

フリガナ 本人氏名		男・女　M・T・S・H　年　月　日生（　　　）歳

住　　所		Tel	（　　　）
		Fax	（　　　）

認定情報	非該当・要支1・要支2・要介1・要介2・要介3・要介4・要介5・　　障害高齢者自立度（　　　） 有効期間：平成　年　月　日〜　年　月　日（前回の介護度：　　）　認知症自立度（　　　）

障害等認定	身障（　　　），療育（　　　），精神（　　　），難病（　　　），その他（　　　）

本人の 住居環境	自己所有・賃貸／一戸建・集合住宅（　）建ての（　）階／自室有無／住宅改修の必要有無

経済状況	国民年金・厚生年金（　　　）・障害年金・生活保護・その他 ・収入詳細：本人　月（　　　　　　　）

ジェノ グラム		エコ マップ	

相談内容	

対　応	緊急・通常・継続（　回目）・情報提供のみ・終了	
	相談継続	つなぎ先：　　　　　　　　　　　　　　　　担当者： 内容：＿＿＿＿＿＿＿＿＿＿＿＿＿＿＿＿＿＿＿＿＿＿＿＿ 日時：　　年　月　日（　）　　時／TEL・Fax・Mail・訪問

出所：厚生労働省老健局振興課「平成26・27年地域ケア会議運営に係る実務者研修資料」を一部改編。

［記　　録］　理解度チェックリスト

1．導入ワークにおいて，記録のもつ意味や目的について理解できた。
　　　□　よくできた　　　　　□　できた　　　　　□　十分ではない

2．導入ワークにおいて，主観的情報と客観的情報の意味が理解できた。
　　　□　よくできた　　　　　□　できた　　　　　□　十分ではない

3．導入ワークにおいて，SOAP 方式の書き方について理解できた。
　　　□　よくできた　　　　　□　できた　　　　　□　十分ではない

4．逐語録から面接・相談記録票に必要な情報を読み取ることができた。
　　　□　よくできた　　　　　□　できた　　　　　□　十分ではない

5．面接・相談記録票をわかりやすく書くことについて理解ができた。
　　　□　よくできた　　　　　□　できた　　　　　□　十分ではない

6．次の支援の展開へつなげるような書き方が意識できた。
　　　□　よくできた　　　　　□　できた　　　　　□　十分ではない

7．講義全体を通じて面接・相談記録の書き方について理解ができた。
　　　□　よくできた　　　　　□　できた　　　　　□　十分ではない

7 アドミニストレーション

学習のねらい

　ソーシャルワークの実践現場（施設／機関）では，組織を運営していくことが求められる。いわゆる PDCA サイクルを，「きっちり」とまわしていくことが必要になるのである。そしてその際には，自分に与えられた役割を他のメンバーと協力しながら，きっちりと果たしていくことが求められてくる。まず導入ワークでは，各自，今回の演習の舞台となる障害者就労継続支援 B 型事業と PDCA サイクルについて調べ，さらに展開ワークではグループワークを通じて，PDCA サイクルの実際のあり方について学ぶ。

- **Keyword**：障害者就労継続支援 B 型事業，PDCA サイクル，アドミニストレーション

- **ワークに必要なもの**：折り紙30枚（グループ数分），A 3 コピー用紙 1 枚（グループ数分），黒ペン・赤ペン・定規（グループ数分），折り紙の設計図（「ぴょんぴょんガエル」[1]〔グループ数分〕）

1 導入ワーク──障害者就労継続支援 B 型事業

　今回の演習の舞台である「障害者就労継続支援 B 型事業」とは，具体的にどのような事業だろうか。それぞれ調べてみよう。また「PDCA サイクル」とは何か，調べてみよう。

第2章　ソーシャルワークの技術

2　展開ワーク──PDCA サイクルを用いた障害者就労継続支援 B 型事業の展開

1．1グループ4〜5人のグループを作る。なおグループ分けは，くじ引きで行う。各グループは障害者施設で，「障害者就労継続支援 B 型事業」を展開している，と仮定する。

2．皆さんの施設（グループ）では，これから一丸となって，模擬的に事業を展開してみよう。そこでまず，以下のようにメンバーの役割を決めよう。

　施設長　1人　生産部長　1人　利用者（生産者）　2人（人数的に端数が出る場合は，生産部長を2人にすること。）

3．現在日本では，国を挙げて外国人観光客の誘致に力を入れている。そこで，外国人向けのお土産物を専門に扱っている会社「タサカ・エンタープライズ」では，日本文化を感じさせる「折り紙でつくった製品」を新たに開発し，その生産委託先を探している。また社長であるタサカ氏は，つねづね社会貢献にも関心を示しており，できれば生産自体も，障害者施設に委託できれば，と考えている。そこで，製品の生産で評判の良いいくつかの施設（皆さんのグループ）にコンペティション（複数施設の製品・作品の評価を競い合わせること）を行い，委託先を決めたいと考えている。そこで皆さんには，タサカ・エンタープライズから製品の生産を受注できるように，競い合ってもらう。最終的に，完成品をより多く生産できた施設に発注する予定である。

4．そこで，施設（グループ）ごとに，生産体制を整備してみよう。以下のように，2つの机を合わせ1つの施設を作る。それを2つ作ろう。そして，その1つを事務所，もう1つを生産工場にする。事務所とした施設には，施設長と生産部長が座り，一方の生産工場には，利用者（生産者）が座るようにしよう。

事務所	生産工場

5．施設長は演習担当者から，タサカ・エンタープライズより指示された「（折り紙）ぴょんぴょんガエル」の設計図を受け取る。なお，この設計図を見ることができるのは，施設長と生産部長のみである。また設計図は，事務所からもち出さないようにしよう。

6．ここから，前述した PDCA サイクルに入っていく。まず，グループごとに生産計画（P）を立てよう。なお役割については，次のように割り振ること。

　　　施　設　長：完成品の試作，生産計画のとりまとめと記入
　　　生産部長：利用者の折り紙技術のアセスメント（事前評価）
　　　利　用　者（生産者）：折り紙の試し折り

7．生産部長は利用者（生産者）に，折り紙の試し折りをしてもらう。ただし，その際に折ってもらうのは，「（折り紙）ぴょんぴょんガエル」以外のものにすること。生産部長は，利用者（生産者）がどの程度折り紙を折ることができるのか，アセスメントを行うこと。また施設長はその間に，設計図に基づき，完成品を試作しておくこと。この試しに折った完成品が不完全であると，最終的に製品を納品することができない（演習担当者が受け取らない）。その後 A 3 のコピー用紙に，生産計画を書くこと。この計画は，誰が見ても計画が理解できるよう，丁寧に描くこと。なお生産時間は15分間である。

　なお生産計画書には，いつまでに誰が，何個製品を完成させるのか，一目瞭然になっていることが求められてくる。また最終的に，何個完成させるのか，分かるようにすること（この個数が多いところが受注できることになるので，他の施設の動向もよく見ておく必要がある）。なお計画は，黒ペンと定規を用いて記すこと。

8．施設長は他のグループに対して，生産計画を発表しよう。すべてのグループの生産計画の発表が終わり次第，演習担当者の合図で生産を実行（D）する。なお実際に生産できるのは，利用者（生産者）のみである。施設長と生産部長は，折り紙自体に手を触れることはできない。ただし生産部長は，利用者（生産者）に，実際の折り方自体の指導はすることができる（生産部長や施設長は，利用者（生産者）の隣で，実際に折り紙を折ってデモンストレーションをすることはできない）。

9．施設長は経過時間を計りながら生産の実際を評価（C）し，逐次，生産部長に指示を与えよう。ただし直接，利用者（生産者）に指示することはできない。また，生産自体が計画通りに進んでいないようであれば，どのように改善すれば目標を達成できるのか，自分のノートに案を描いておこう。

10．10分間が経ったら，演習担当者から「生産一時中止」の合図がある。ここで施設長と生産部長は，これまでの生産状況を検討し，残り５分間でどのようにすれば目標が達成できるか，改善（A）を考えよう。そしてそれを，当初 A 3 のコピー用紙に記した計画に反映させていく（新たな計画を，赤ペンで記すこと）。目標の数値自体を見直してもらってもよい。

11. 残り5分間で，施設全体で力を合わせて，目標達成に向けて努力しよう。製品が完成次第，その都度，演習担当者に納品する。演習担当者のチェックを受け，設計図通りに完成させているもののみ，合格とする。またこの5分間については，生産部長だけでなく，施設長も利用者（生産者）の指導を行うことができる。また利用者（生産者）の隣で，実際に折り紙を折るデモンストレーションを行うことができるものとする。ただし，このデモンストレーションの際に折ったものは，納品することができない。

12. 施設長は最終的に，折り紙を何個納品できたのか，把握しよう。そして利用者（生産者）も含め，施設構成員全員で，以下の点について「振り返り」を行う。

　① 目標を達成できたか，できなかったか。達成できたとしたら，それはなぜか。同様に，できなかったとしたら，なぜか。
　② PDCA サイクルを適切にまわしていくためには，果たして何が必要か。
　③ 「仕事」と「遊び」の違いは，どのような点にあると考えるか。

振り返りシート

13. 施設長はアプローチで検討した内容を，他のグループのメンバーにもわかるように発表すること。

まとめ

さあ，いかがだっただろうか。この演習で最も重要なのは，目標達成の如何ではなく，実は「振り返り」の際の「仕事」と「遊び」の違いは，果たしてどこにあると考えるか，という点にある。今回のグループは，くじ引きで決めてもらった。つまり今回のグループのメンバーは必ずしも，仲の良い者同士だったわけではない，ということである。

実際の職場も，これとまったく同じである。職員同士は，たまたま同じ部署に配属

されただけかもしれないし，一方の利用者（生産者）も，たまたまこの施設を利用するようになったというだけかもしれないのである。それでも，いざ仕事となれば，みんなと協力して，結果を出して（目標を達成して）いかなければならない。ここが「遊び」の人間関係と大きく違うところである。

　そもそもアドミニストレーションは，経営活動，管理活動，あるいは経営管理活動などと呼ばれるもののことであり，統治，行政，管理などの意味がある。このアドミニストレーションの領域では，PDCA サイクルという手法が重んじられている。シュハートやデミングといった人々によって提唱されたもので，事業活動における生産管理や品質管理などの管理業務を円滑に進める方法のことである。Plan（計画）→ Do（実行）→ Check（評価）→ Act（改善）の4つの段階を繰り返すことによって，「事業，業務の質とスピードを高め，成果を出していく，マネジメントの手法[2]」と考えられているのである。

　またこれは，いわゆるソーシャルワークのプロセスにも，あてはまるとも考えられる。アセスメントを実施し援助計画を立て（P）→介入を行い（D）→モニタリングを行った後（C）→再アセスメントと援助計画の見直しを行っていく（A）というプロセス自体が，実は PDCA サイクルである，ともいえるであろう。

注
(1)　本郷折紙研究会編『たのしい！ おりがみ──ひとりでおれる』大泉書店，2006年，78-79頁。
(2)　東秀樹『チームの目標を達成する！ PDCA』新星出版社，2014年，13頁。

［アドミニストレーション］　理解度チェックリスト

1．実際に組織を動かしていく際には，PDCA サイクルを首尾よく回していく必要があることを理解できた。

　　　　□　よくできた　　　　□　できた　　　　□　十分ではない

2．仕事を行っていく際には，とりわけ P（計画）が重要であることを理解できた。

　　　　□　よくできた　　　　□　できた　　　　□　十分ではない

第2章　ソーシャルワークの技術

―― コラム 6 「わからない」ことを「わかる」 ――

　「私，わかっています」と，ある学生が発言した。現場実習を終えて，知的障害者の生活施設での体験から何を学んだのかを言葉にしようとしていた，振り返りの場面でのことだった。そういえば，実習中の指導でも，彼女はいつも簡単に「わかりました」と言っていた。長く社会人経験があり，成人した子どもがいる年代のその学生は，施設の指導者の言葉にも，教員の私の言葉にも「わかっている」と言う。結果として，彼女は何も学ばずに実習を終えた。

　「わかる」という言葉は，「分ける」と同じ語源だと言われている。理解，区別，分別，わきまえ，ことわり，などはすべて「わかる」である。ものごとが混沌とした状態にある，つまり，分けられていないのが「わからない」ということである。「わかる」ためにはその状況を俯瞰する必要がある。

　「わからない」状況にあるときには，自分がどこにいるのか，周囲に何があるかが見えていない。当たり前のことのようだが，自分が「わかる」と思っていることは，自分自身がそれまでの経験を基にして，物事を分けているだけなのだ。自分が混沌とした状況にいることがわからない人は，「自分はわかっている」と言ってしまうかもしれない。

　私は，ソーシャルワークを学び，家族福祉を専攻して，家族関係や育児に関する本をたくさん読んでいたので，子どものことや家族のことを「わかった」と思っていた。ところが，いざ出産して母親になり，初めて大間違いに気づいた。夫は仕事が忙しくて当てにできず，実家も遠くて頼れない。転居して間もなく，知り合いのいない町のアパートで赤ちゃんと2人きりで過ごし，心細くて不安な気持ちを味わった。授乳も，おむつ替えも，保健所で習った通りにしているのに，なぜ泣くのかわからない。急に熱を出したり，皮膚に発疹が出たりする理由がわからない。赤ちゃんはとてもかわいいのに，投げ捨てたくなる気持ちがわき上がる自分がわからない。初めて母親が子どもを育てる時にどんな気持ちになるのかを，「わからなかった」ことがわかった。

　ソーシャルワーカーは，人生の困難を経験しているクライエントに向き合う。その方の語る言葉の意味は，「わかる」かもしれない。でも，それは自分が生きてきた体験の枠組みの範囲内で「分けて」いるだけである。クライエントがどんな人で，どんな人生を送ってきたのか，今どんな気持ちでその言葉を語っているのか，「わからない」ことばかりだ。それを，安易に「わかる」と考えてしまうのは，大変な誤解である。たとえば「初めての育児」という体験でも，人によって，状況はまったく違う。同じような体験が，同じ意味をもつとは限らない。

　だからこそ，他者と向き合う時には，「わからないからこそ，わかりたい」という気持ちと姿勢をもつことが，とても大切である。「わからない」ものを一緒に「分ける」ことが，ソーシャルワークの仕事かもしれない。

（前廣美保）

8 スーパービジョン

学習のねらい

　ソーシャルワーカーが相談援助専門職として成長していくためにスーパービジョンは欠かせない。さまざまなケースに直面するソーシャルワーカーは，スーパーバイザーからのスーパービジョンを受けることなしにソーシャルワークを実践していくことは難しい。そのためソーシャルワーカーがスーパービジョンを学ぶ必要がある。

　導入ワークでは，人から教わった体験を思い出し，理想の指導者像を明らかにする。展開ワークでは，ロールプレイを行い，スーパービジョンの支持的機能によって，スーパーバイジー自らが課題に気づくことができるようになることを体感し理解を深める。

• **Keyword**：スーパービジョン，支持的機能

• **ワークに必要なもの**：特になし

1 導入ワーク──人から教わる

1．あなたは，これから新しい職場でアルバイトをすることになった。その時に，指導者からどのように仕事を教えてほしいと思うか，思い浮かぶ限り書いてみよう（個人ワーク）。

2．1．で記載した内容を3人一組になって共有しよう。そしてグループで仕事を教わる際の理想の指導者像を考えてみよう（3人一組のグループワーク）。

第2章　ソーシャルワークの技術

―― 事例　クライエントから拒否された医療ソーシャルワーカー ――

　Aさん（22歳男性）は，福祉系の大学を卒業し社会福祉士を取得し，病院の医療ソーシャルワーカーとして就職して3カ月が経った。Aさんは，毎日慣れない仕事ながらも一生懸命働き，回復期リハビリテーション病棟で勤務することになった。最近では，数人の入院患者を1人で担当するようになった。面接等を行う度に，先輩ソーシャルワーカーであるBさん（27歳女性）から指導を受けていた。

　ある日，Aさんは入院前のインテーク面接を担当することになった。夫（57歳）が脳梗塞を発症，急性期病院で手術を行い，退院するように言われたというCさん（54歳）が相談に来た。Aさんはそのときにアセスメントをしっかり行わなければという思いから，アセスメントシートを埋めていくために質問を重ねた。するとCさんは，「あなたは質問ばかりしてくるけれど，私たちは入院している病院で「退院しろ」と言われて途方にくれているのです。それなのに話を聞いてくれず質問ばかりしてきて……，別の方はいないのですか」と強い口調で言ってきた。Aさんはどう答えていいかわからず，「すみません……すみません……」と繰り返し，その後はBさんに面接を代わってもらった。

　面接終了後，BさんはAさんを呼んで，今回の面接の振り返りを行った。Bさんは「何故，Cさんはあのようなことを言ったのかわかりますか？」とAさんに尋ねた。Aさんは「面接で緊張していて，正直何故Cさんがあのようなことを言ったのかわからないのです……」と小さな声で返答した。Bさんは「Cさんは，急性期病院で手術後すぐに退院を言われて，どうしたらいいか困惑していたのですよ。今回の面接では最初に，その気持ちを受け止めてほしかったのです。それなのにあなたはその思いを聞くことなく，質問を重ねてしまった。Cさんからしたら，『この人に話はできない』と思ってしまうのは仕方ないのでは」と強い口調で話した。Aさんはうつむくばかりで「すみません……，Cさんの気持ちがわからなくて……」と返答するのがやっとであった。

　Aさんはその後，ソーシャルワーカーとして働いていく自信がなくなってしまった。

2　展開ワーク――スーパービジョンを行う

1．Aさんと面接したCさんの思いはどうだったか考えてみよう。個人で記録した後にグループで共有しよう。

・Cさんの思い

109

２．Ｂさんが A さんに行った指導場面をロールプレイで再現してみよう。(グループは 3 人一組，A さん役，B さん役，観察者役) ロールプレイを行って，その時の A さん，B さんの思いをグループで話し合ってみよう。

・A さんの思い
・B さんの思い

３．自信を失った A さんに今後，どのようなスーパービジョンを行えばいいか，台本の続きを考えてみよう。作成した台本を基にスーパービジョンのロールプレイを行ってみよう。ロールプレイ終了後の A さんの思いを共有しよう (グループは 3 人一組，A さん役，スーパーバイザー役，観察者役を全員が体験するように，3 セット実施)。

―― A さんとスーパーバイザーのロールプレイ台本 ――

スーパーバイザー：今回の C さんとの面接を行って，A さんは何が悪かったと感じてい
(以下，SV) 　　　　ますか？

A さん：最初は何が悪かったのかわからなかったのです。突然，C さんが怒り出したように感じてしまい……。でも後から考えると，C さんの話を聞こうとしないで，私が主導で面接を行っていたような気がして……。

SV 　：C さんの話を聞こうとしないで A さん主導で面接を行ったのでは，と感じたのですね。

A さん：そうなのです。困って相談しているのに話を聞いてくれなかったら怒りますよね……。今考えたら C さんが怒り出した理由がわかるような気がします。

SV 　：C さんが怒り出した理由がわかってきたのですね。では，どうすればよかったと思いますか？

A さん：C さんの話を聞くことですよね。C さんの話を聞こうとすれば，C さんが何を話したかったのか，何に困っているのかが少しわかるようになると思います。

以下続く……

・ロールプレイ後のＡさんの思い

ま と め

　教わる側（スーパーバイジー，以下，バイジー）になった時に，できなかった問題点ばかりを指摘されるとどのように感じるか。多くの人は自分には能力がないのではないか，と自信を失ってしまうだろう。そして指摘された問題点も頭に残らなくなってしまうこともある。問題点を指摘するだけではスーパービジョンとはいえない。スーパーバイザー（以下，バイザー）はバイジーが自らの課題に気づくよう，スーパービジョンを展開していくことが必要になってくる。そのためにバイザーは，スーパービジョンの３つの機能を意識することが大切である。

　本事例の場合，教育的機能だけではなく支持的機能も含めたスーパービジョンを行うことで，バイジーは自らの課題について考え，そして気づくことができるようになる。入職３カ月でインテーク面接を１人で行ったことを支持し，そして何故，Ｃさんが「別の方はいないのですか」と強い口調で言ったのか，バイザーと一緒になって考えていくことで，バイジーが自らの面接を振り返り，何が悪かったのかに気づくことができるようになってくる。

　スーパービジョンは単にバイザーがバイジーに教えるだけではない。バイジーを支える支持的機能，教える教育的機能，業務しやすい環境を整える管理的機能の３つが伴ってこそスーパービジョンといえるのである。課題の答えは，バイザーではなくバイジーがもっているのである。

―― 知っておきたい用語 ――
　①　医療ソーシャルワーカー
　②　インテーク面接
　③　回復期リハビリテーション病棟

［スーパービジョン］　理解度チェックリスト

1．導入ワークにおいて，仕事を教わる際の理想的な先輩像を思い描くことができた。

　　□　よくできた　　　　□　できた　　　　　□　十分ではない

2．展開ワークにおいて，面接を受けるクライエントの思いを理解できた。

　　□　よくできた　　　　□　できた　　　　　□　十分ではない

3．展開ワークにおいて，スーパービジョンの3つの機能が必要であることを理解できた。

　　□　よくできた　　　　□　できた　　　　　□　十分ではない

4．展開ワークにおいて，バイジー自らが課題に気づくスーパービジョンの必要性を理解できた。

　　□　よくできた　　　　□　できた　　　　　□　十分ではない

5．展開ワークにおいて，スーパービジョンの支持的機能があることの意義を理解できた。

　　□　よくできた　　　　□　できた　　　　　□　十分ではない

6．展開ワークにおいて，ソーシャルワーカーの成長のためにスーパービジョンを行う意義について理解できた。

　　□　よくできた　　　　□　できた　　　　　□　十分ではない

第3章

地域を基盤としたソーシャルワーク

1 地域の理解

学習のねらい

　ソーシャルワークは，高齢者・障害者といった領域別から地域を基盤とした包括的な支援へと援助のあり方をシフトしている。援助者という立ち位置に立つ前に，一市民として地域での暮らしを考えてみよう。私たちの生活は，個人の空間だけで成立していない。駅や公園など，ふと立ち寄る公共空間も生活に欠かせない憩いの場所である。公共空間やコモンスペース（地域や共同住宅等の共有空間）の居心地の良さをテーマに，自分の住む街や生活しやすい街づくりに必要な条件を考えてみよう。まず導入ワークでは，「居心地の良い場所とは何か」について考え，展開ワークでは，導入ワークの報告，共通点・条件のまとめを行っていく。

• Keyword：共有空間，社会的包摂，街づくり

• ワークに必要なもの：

　（導入ワーク）日々の生活の中で居心地の良いと思うコモンスペースの写真の準備
　　　　　　　　（各人）

　（展開ワーク）事前課題の写真，またはそれを保管した物（各人），
　　　　　　　　模造紙，カラーペン，のり（グループ数分）

1 導入ワーク——居心地の良い場所

１．生活の中で「居心地の良さ」を感じる公共空間やコモンスペースの写真を１枚持参する（演習担当者の指示によりスマートフォンなどに収めて持参しても可）。通常，公共空間は公園や広場，コモンスペースとは住宅街の共有スペースなどを指すが，ここではデパートの休憩スペースやカフェのテーブルまで含み考えてみたい。可能な限り，あなたの好きな時間や位置から写真を撮ってみよう。ただし，次の点には注意すること。

第3章　地域を基盤としたソーシャルワーク

① 対象にならない場所➡自宅（プライベートな場所でなく公共性の強い場所を考えるため）

　　　　　　　　旅行の写真（日常的な居場所について考えるため）

② 対象にならない写真➡犬（ペット），人物（友人），景色のみの写真

　なお，写真を撮る際にはプライバシーに十分注意を払うこと。

2．自分が選んだ「居心地の良い場所」の説明を事前に考えておこう。

私にとって居心地の良い場所は
その場所の気に入っている所は
そこに行くとすること，座るところ，楽しみなど
どんな時に行くのか
どんな人がいるのか
何時ごろ，どの方向から行くなどの伝えたいこと

（例：アルバイト先の近所の公園/いつも近くのカフェからコーヒーの香りがする/右の隅のベンチに座るとスカイツリーが見える/疲れている時/時々高校時代の友達も通る）

115

2 展開ワーク──課題の報告と共通点・条件のまとめ

1．グループ（5～6人）になって事前課題の報告をしよう。全員の報告を終えたら，共通点を挙げてコモンスペースの「居心地の良さ」に求められる条件を考えてみよう。

（氏　名） 場　所	その場所の気に入っている所	すること・座るところ・楽しみなど	どんな時に行くのか	どんな人がいるのか	何時ごろ，どの方向から行くなど
（　　　　）					
（　　　　）					
（　　　　）					
（　　　　）					
（　　　　）					
メンバーの共通項，重要だと思った条件					

　メンバーの報告から抽出した「居心地の良い場所」の条件，共通項，重要だと思われる要素を挙げてみよう。そして，発表用の模造紙をもち寄った写真や絵などを入れてわかりやすくして作成してみよう。発表に向けて内容・示し方，何人でどのようにするかなど事前に準備をしよう。発表用の模造紙には，以下の点を必ず入れよう。また，全体発表に備えて，報告者や模造紙をもつ担当なども決めておこう。

第 3 章 地域を基盤としたソーシャルワーク

参考例　文教大学「コミュニティワーク演習」の学生作品（2013年）

注：本作品は社団法人日本建築学会関東支部埼玉支所主催「住まい・まちづくり交流展2013 IN こしがや」に出展したものである。
出所：筆者撮影。

① タイトル「居心地の良い場所」と，サブタイトルなどを記入する
② メンバー氏名も記入する

2．各グループで内容をまとめて発表を行う。

まとめ

　都市計画の古典ともいわれる『アメリカ大都市の死と生』の中で J. ジェイコブズは，安全で暮らしやすく経済的な活力を生じる都市の以下の4つの原則を挙げている。

① 「混合一次用途の必要性」。これは，各地区は必ず2つ以上の働きをするようになっている，ということである。
② 「小さな街区の必要性」。これは，都市の街路は必ず狭く，折れ曲がっていて，短く，人間的な魅力をそなえた都市は路地につくられている，ということであ

図3-1 介護老人福祉施設真寿園のコモンスペース
出所：社会福祉法人真寿会ホームページ（http://www.shinjukai.or.jp/kaisou-kanryou.html，2017年11月22日アクセス）。

る。

③ 「古い建物の必要性」。これは，都市の各地区には古い建物ができるだけ多く残っているのが望ましく，そのつくり方もさまざまな種類のものがたくさん交ざっている方が住みやすい，ということである。

④ 「密集の必要性」。これは，都市の各地区の人口密度がある程度高くなるように計画した方が望ましい，ということである。

　そして，これらの4つがすべて揃うことが必要だと主張している。街の中には，「ついでの活動」「意図しない行為」があることが人間的な魅力をそなえた，住みやすく，文化的な都市をつくるための条件だとしている。これは，あらゆる人々が共に暮らす社会を目指す福祉の理念にも共通する点だと思われる。本節の内容は決してコミュニティ・ソーシャルワーカーだけが意識するべきことではなく，たとえば介護老人福祉施設真寿園では，1階の一部を地域の人にも開放したコモンスペースへと改装し地域住民を招き入れている（図3-1）。

　見るからにおしゃれで明るい空間には，夕方には地域の子どもが集まり，ゲームや宿題をしている。そして，母親と待ち合わせて帰宅する子どももいる。施設が利用者のためだけの施設であれば，ここには偶発性は起きず，高齢者と子ども，施設利用者と地域住民の交流は生まれないだろう。誰にでも居心地の良い空間は，社会的包摂の概念に含まれる要件と親和性を持つ。

　ソーシャルワークの支援において，写真誘出的インタビュー，写真投影法，フォトボイスなどは今後活用が期待される手法の一つである。

参考文献
ジェイコブズ，ジェイン／山形浩生訳『新版　アメリカ大都市の死と生』鹿島出版会，2010年。
武田丈「フォトボイスによるコミュニティ把握，アドボカシー活動，そしてエンパワメント」『コミュニティ心理学研究』18（1），2014年，3-20頁。

［地域の理解］ 理解度チェックリスト

1. グループ活動に備えて事前課題を理解して用意ができた。
　　□ よくできた　　　□ できた　　　□ 十分ではない

2. コモンスペースとはどんな場所を指すのか理解できた。
　　□ よくできた　　　□ できた　　　□ 十分ではない

3. 展開ワークにおいて，コモンスペースの居心地の良い条件をグループメンバーと
　一緒に探すことができた。
　　□ よくできた　　　□ できた　　　□ 十分ではない

4. 安全で活気ある都市の「4つの原則」について理解できた。
　　□ よくできた　　　□ できた　　　□ 十分ではない

5. 居心地の良い場所に求められる条件は，社会的包摂の概念と親和性があることを
　理解できた。
　　□ よくできた　　　□ できた　　　□ 十分ではない

6. 街づくりにおいてだけでなく，福祉施設においてもコモンスペースが有効なこと
　を理解できた。
　　□ よくできた　　　□ できた　　　□ 十分ではない

2 **アウトリーチ**

学習のねらい

　自ら支援を求めることができないクライエントも存在する。その人たちに，ソーシャルワーカーから働きかけて支援を行っていくことも，ソーシャルワーカーの重要な役割である。その際には，「なぜ支援を求めることができないのか」を理解しようとする姿勢が大切になる。そこで，ソーシャルワーカーが行うアウトリーチを理解し，セルフネグレクト状態のクライエントに対してどのように働きかけていくのか，その方法を理解するのが本節の目的である。

　導入ワークでは，これまでの経験の中で他者に関わってほしくない気持ちを思い出し，クライエントに少しでも近づけるようにする。展開ワークでは，アウトリーチを行う際にも相手の気持ちを理解しようとする姿勢が重要であることを体感し，理解を深める。

• Keyword：アウトリーチ，セルフネグレクト，地域ケア会議

• ワークに必要なもの：特になし

---

1 導入ワーク──関わってほしくない気持ち

1．あなたが，これまで他者から話しかけてほしくないと思った時は，どのような場面だったのだろうか。その時はどのような気持ちだったかを思い出して，以下に記入してみよう。

第3章　地域を基盤としたソーシャルワーク

2．1．で記載した内容をグループで共有しよう（4人一組のグループワーク）。そして，グループで話し合った内容を，以下に記入して発表し合おう。

2　展開ワーク――支援を拒む理由

―― 事例　地域包括支援センターに入った近隣からの苦情 ――

　ある町の地域包括支援センターに地域住民から電話が入った。社会福祉士のBさんが電話を取り，話を聞いた。「隣の家からくさい臭いがしてくる。何とかならないか」とのことであった。もう少し話を聞いていくと，「隣のAさん（75歳女性）は一人暮らしをしているが，最近はあまり外に出かけていないようで，顔も見ていない。庭にまでゴミが散乱しているので，家の中はゴミだらけではないか」という内容だった。

　Bさんは早速，地域包括支援センターの同僚である保健師のCさんと，Aさん宅を訪れた。Bさんが「こんにちは。町の地域包括支援センターのものですが。Aさん，いらっしゃいますか？」と玄関から声をかけると，家の奥からAさんが大声で「何も用事はないよ！　帰ってくれ！」と返事があった。再度，Bさんは「Aさんの様子を見に来たのですが……」と声をかけると，「帰ってくれ！　様子など見に来なくていい！」とさらに大きな声で言われてしまった。BさんとCさんは「これでは仕方ないね。今日はこのまま帰りましょう」と話し合い，Aさん宅を後にした。Aさん宅の玄関前からも，生ゴミのような異臭が漂い，庭にはゴミがあふれている状況であった。

　BさんとCさんはその後，週1回のペースでAさんの家を訪れた。2人で訪問する時もあれば，1人ずつで訪ねる時もあった。訪問するたびにAさんは「用事はない。帰ってくれ！」の一点張りで，玄関の中に入ることができないままだった。Bさん，Cさんはその度に，置き手紙を玄関に挟んで帰るようにした。その置き手紙は，毎回その場から無くなっていることから，Aさんが読んでいるのではないかと感じていた。

　BさんとCさんは最初に電話を入れてくれた地域住民の方や担当地域の民生委員から，Aさんの状況を確認した。その中でAさんには1人息子がいること，その息子は海外で働いており最近では関わりがまったくないこと，亡くなった夫と2人暮らしの時には地域の活動にも参加して交流があったが，夫の死亡後は自宅に引きこもるようになったこと，などの情報がわかった。BさんとCさんは地域ケア会議を開催し，Aさんの今後の対応を検

121

討して，今後も引き続き訪問を続けていくことにした。

　ある日，BさんとCさんがAさん宅を訪問した所，返答がなかった。いつもはすぐに返事があったが，今回は何度呼びかけても返答がなかった。異変を感じた2人は玄関を開けると，中から「う～」といううめき声が聞こえてきた。2人はすぐに家の中に入ると，部屋でAさんが横になったまま苦しそうな表情をしていた。Cさんがバイタル確認を行うと，高熱で血圧も高い状況であった。呼びかけに反応はあるものの，すぐに救急車を呼びそのまま搬送された病院に入院となった。

　Aさんは「肺炎」との診断でしばらく入院治療を続けることになった。入院後は症状が落ち着き，Bさん，Cさんの面会にも落ち着いて話ができるようになってきた。退院も近づいてきた時に，Aさんは「退院したら家のゴミを何とかしないと……」と話すようになった。

1．Bさん，Cさんが訪問した場面をロールプレイしてみよう。ロールプレイ後にAさん，そしてBさん，Cさんの気持ちを話し合ってみよう。さらに話し合った結果を発表しよう。

Aさんの気持ち	
Bさんの気持ち	
Cさんの気持ち	

2．Aさんはなぜ，玄関に置いてあった置き手紙を取ったのか，その理由をグループで話し合ってみよう。そして，話し合った結果を発表しよう。

122

第 3 章　地域を基盤としたソーシャルワーク

3．地域ケア会議においてＡさんへの対応が話し合われたが，地域包括支援センター以外で関わる社会資源と，それらが何を行うかを考えてみよう。個人で考えた後，グループで話し合ってみよう。さらに，話し合った結果を発表しよう。

社会資源	行うこと

4．Ａさんはなぜ，「退院したら家のゴミを何とかしないと……」と言ったのか，その理由をグループで考えてみよう。さらに，話し合った結果を発表しよう。

ま と め

　人との関わりを拒否する人は，どのような気持ちなのだろうか。そしてそのような人は特別な人なのだろうか。人は誰でも，「今は人と関わりたくない」という気持ちをもつことがあるのではないか。専門職の支援を拒む人も特別な人ではなく，誰もがこのような状況になりうるのである。

　アウトリーチは，支援を求めていない人たちに対してソーシャルワーカーが出向いて関わっていく手法である。その場合，その人から見たら，ソーシャルワーカーが土足で踏み込むような印象を与えてしまうかもしれない。だからこそ，ソーシャルワーカーがアウトリーチを行う際には，相手の気持ちを理解しようとする姿勢を忘れてはいけないのである。

　しかし，自分から支援を拒む理由を言葉にする人はほとんどいない。理由がわからないまま，アウトリーチを続けていくこともある。その際にもソーシャルワーカーは，その人の気持ちを考えながら関わっていくことが求められる。

123

アウトリーチを行う時，ソーシャルワーカーや保健師だけではなく，地域の社会資源を活かしながら，継続的に関わっていく場合もある。そのため，地域にどのような社会資源があるのか，その人たちがどのようなことを行うことができるのかを，地域の中で話し合っていく場も必要になってきている。その場として，地域ケア会議は有効である。

┌─── 知っておきたい用語 ───────────────────────────────┐
① 地域包括支援センター
② セルフネグレクト
③ 地域ケア会議
└──┘

［アウトリーチ］ 理解度チェックリスト

1．導入ワークにおいて，人に関わってほしくない理由を理解できた。
　　　　□　よくできた　　　　□　できた　　　　□　十分ではない

2．展開ワークにおいて，ロールプレイを通して支援を拒む理由が理解できた。
　　　　□　よくできた　　　　□　できた　　　　□　十分ではない

3．展開ワークにおいて，ロールプレイを行い専門職の心情を理解できた。
　　　　□　よくできた　　　　□　できた　　　　□　十分ではない

4．展開ワークにおいて，アウトリーチに関わる地域の社会資源とその役割を理解できた。
　　　　□　よくできた　　　　□　できた　　　　□　十分ではない

5．展開ワークにおいて，Ａさんの気持ちの変化を理解できた。
　　　　□　よくできた　　　　□　できた　　　　□　十分ではない

―――― コラム 7 「見ようとする」こと ――――

　朝起きて外を見ると，一面の雪。子どもなら，一刻も早く外に飛び出したいところだろう。地域包括支援センターで相談員をしていた当時の私もそうだった。雪の朝は，一刻も早く私の担当する地域を見て回りたかった。

　地域の人たちが，早くから通りに出て，雪かきをしている。"ご苦労さまです"。そう挨拶しながら，私はずんずん歩いて地域を「見ようとする」。
　高齢で一人暮らしのAさん宅は大丈夫だろうか。立ち寄ると，すでに誰かが玄関先の雪かきを済ませてくれていた。車いすのBさん宅はどうだろうか。こちらも大丈夫。お隣さんが雪かきをした道が，Bさん宅の玄関を経由して，表通りまでつながっていた。その一方で，長い時間，雪に閉ざされたままになっている一角も目に付いた。
　バス停やコンビニに行く道は，早い時間にできあがる。診療所への道は最短ルートを選んで，小学校への道は所々寄り道をしながら，地域の地図が作られていく。
　Cさん宅から出ている一筋の細い道。それを辿って路地を裏手に曲がっていくと，普段は気づかずに通り過ぎていた，小さなお地蔵さんにお目にかかり，思わず手を合わせた。

　雪の朝限定で，地域に出現する地図がある。この地図を「見ようとする」ことによって，地域の人たちが誰を大切に思い，何を大事にして暮らしているのか，よくわかった。また，地域のどこで，何が，どれだけ不足しているのか，おおよその見当がつくようになった。ごみ出し困難，買い物困難，孤独死等々，地域の課題が「見える化」していった。

　支援は，この「見ようとする」ことから始まる。ソーシャルワークの過程において，インテークやアセスメントが重要だと言われるのはそこにある。大事なことは中々よく見えてこない。だからこそ，意識的に「見ようとする」姿勢や「見ようとする」工夫がソーシャルワーカーに求められる。この姿勢や工夫が足りないと，やがて支援は行き詰まる。私もそのような失敗をこれまで数多く重ねてきた。

　インテークで，クライエントを「見ようとする」と，当然，クライエントも私たちソーシャルワーカーを「見ようとする」。自分はクライエントの目にどう映っているか，常に意識しておきたい。

（元橋良之）

3 **ネットワーキング**

学習のねらい

　社会福祉法第4条に示される「地域福祉の推進」，介護保険制度の下で推進されている地域包括ケアシステムなど，これからのソーシャルワーカーに求められるネットワーキングに関する知識について実践的に学習する。具体的には，ネットワーク構築の必要性について確認するとともに，ソーシャルワーカーがネットワーク構築を主体的（主導的）に行うことが求められている社会において，もつべき視点と方法について，事例を用いて実践的な理解を深めていく。導入ワークでは"つながり"の意義について改めて考え，展開ワークでは，さらに，ソーシャルサポートネットワークについて考えていく。

• **Keyword**：社会資源，ソーシャルサポートネットワーク

• **ワークに必要なもの**：特になし

1 **導入ワーク──「つながり」の意義**

1．自分自身の現在の生活を振り返り，「カテゴリー」ごとに自身に関連する人や機関等を書き出そう。「カテゴリー」はそれぞれ自由に設定，名前を付けることができる。また，それぞれに関連する人や機関等は，カテゴリーを超えて重複して記入しても構わない。

カテゴリー	関連する人・機関等
例）サッカーサークル	大学の友人A・大学の友人B・地域の知人C・バイト先の友人D サッカーコート「○○」・大学・月2回のトーナメント
①	
②	
③	

126

2．カテゴリーから1つを選択し，「私」を中心として，関連する人・機関等について下の枠内に図式化してみよう。その際，関連する人・機関等と「私」，また関連する人・機関等同士の"つながり"を，線を用いて示そう。必要に応じて注釈を入れても構わない。

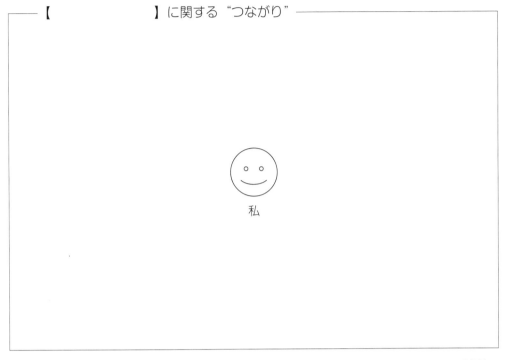

――【　　　　　　】に関する"つながり"――

3．完成した図を見ながら，グループ内でその内容を報告し，他のメンバーに説明してみよう。

2　展開ワーク――ソーシャルサポートネットワーク

―― 事例　一人暮らしの男性高齢者 ――

　Aさん（73歳男性）は，およそ1年前に妻を病気で亡くしてから一人暮らしである。他に家族は，遠方で家庭をもって暮らしている一人息子Bさんがいる。
　Aさんは仕事一筋で口数も少なく，どちらかというと人づきあいもあまり良い方ではなかった。一方で，亡くなった妻は大変社交的で友人も多く，また近所づきあいも良かった。日常生活において，家事や家のことは妻にまかせきりであった。
　妻のお葬式から2週間程度は，長男やその妻が一緒にいてくれ，食事の支度等をしてくれていた。その後は，亡き妻と交流を図っていた近所の友人も食事の差し入れなどをしてくれたが，Aさんは近所の人たちに気をつかって差し入れも断り，ほとんどスーパーの惣菜やコンビニの弁当などで済ませており，そのような生活を続けていく中で栄養面などにも偏りが出ていた。最近の健康診断では，項目によっては要注意，要検査といった結果が出ている。

生活全般に乱れが見られ始め，朝になっても布団から起きてこず，昼過ぎまで寝ていることも多く見られた。時々父親の様子を見に来る息子のBさんは大変心配している。

　　家を訪問してくる人とは会話をするが，自分から外出することもほとんどなく，体力，ADLともに大幅に低下してきており，時折ふらつくような様子が見られた。また，好きだった囲碁にも手を付けず，家の中も非常に散らかってきていた。

　　遠い親戚にあたり，比較的近所に住んでいるCさんは，Aさんのことを心配して，時折様子を見に行くとともに，地域の民生委員のDさんに様子を見てもらうようにお願いなどもしていた。Cさん，またDさんが訪問すると，これまでよりずっと口数も減り，ボーっとしている様子が見られるようになった。不安に思ったCさんは，気乗りしない本人を何とか説得して主治医のところへ連れて行くと，軽度のうつ症状であると診断された。主治医は，「生活にめりはりをつけ，適切な食事の摂取，そしてしばらくの間服薬」を指示した。しかし，その後もAさんはそれに従っていない様子であった。Aさんは人から助けてもらうことを嫌がっていた。しかしこの状況を心配した息子のBさんは，地域包括支援センターの社会福祉士へ相談することとした。

1．事例を読んで，Aさんを中心とした「ネットワーク像」（Aさんを取り巻く望ましいネットワーク像）を作成しよう。この際，現段階では確認できていないが必要な（もしくはあると望ましい）社会資源等については点線で囲むなどして，現存する社会資源と区別すること。

―― Aさんへのソーシャルサポートネットワーク ――

第3章　地域を基盤としたソーシャルワーク

2．個人で作成したAさんへのソーシャルサポートネットワークについて，グループ内で報告・共有し，グループとしてAさんへのあるべきソーシャルサポートネットワーク像を作成しよう。

3．グループで確認したAさんに対する（理想的な）ソーシャルサポートネットワークの構築に向けて，地域包括支援センターの社会福祉士が行うべき事柄には，どのようなことがあるだろうか。グループメンバーで意見を出し合おう。グループメンバーで話し合った内容は，全体で報告し共有しよう。

────── ソーシャルサポートネットワークの構築に向けて行うべき事柄 ──────

・グループの意見

・全体の報告

ま と め

　ワークを通じて自分自身の生活の中にある，人や機関とのネットワークについて視覚化した。関係する人や機関の数に違いはあるものの，他の人も何らかのネットワークを構築し，その中で社会的なニーズを満たしていることが確認できたのではないだろうか。よりよく生きるために，ネットワークをより充実させることは，ネットワークに対するコーディネート（調整）であるといえる。

　一方で，何らかの問題や生活のしづらさを解消，軽減するために，解消や軽減に働きかける力を個人がもち得ない時に，やはりネットワークの力を必要とする場合がある。

　個人を取り巻くさまざまな社会資源を，より効率的にコーディネートし，それぞれの社会資源，また個人が十分に力を発揮できるように企画された支援体制が，すなわちソーシャルサポートネットワークであることを学んだ。このようなネットワークの必要性は，より高まっている一方で，残念ながらそれらは，自然には形成されづらいものである。したがってソーシャルワーカーが専門的な視点をもって，それをコーディネートしていく必要がある。

　知っておきたい用語
　① 民生委員
　② 地域包括支援センター

［ネットワーキング］　理解度チェックリスト

1．導入ワークにおいて，自身の生活上の人や機関等とのつながりを理解できた。

　　　　□　よくできた　　　　□　できた　　　　□　十分ではない

2．導入ワークにおいて，人や機関等とのつながりが自身にあたる影響やメリットについて理解できた。

　　　　□　よくできた　　　　□　できた　　　　□　十分ではない

3．導入ワークにおいて，友人の報告事例を通じて，人によって異なるつながりをもちつつも，それらがその人に及ぼす影響やメリットをもつことが理解できた。

　　　　□　よくできた　　　　□　できた　　　　□　十分ではない

第3章　地域を基盤としたソーシャルワーク

4．展開ワークにおいて，事例の内容を十分に理解できた。
　　　□　よくできた　　　　□　できた　　　　□　十分ではない

5．展開ワークにおいて，Ａさんに必要なネットワーク像を創造，記入できた。
　　　□　よくできた　　　　□　できた　　　　□　十分ではない

6．展開ワークにおいて，グループにてＡさんに必要なネットワーク像を企画できた。
　　　□　よくできた　　　　□　できた　　　　□　十分ではない

7．ソーシャルサポートネットワークの意味について理解できた。
　　　□　よくできた　　　　□　できた　　　　□　十分ではない

8．ソーシャルサポートネットワークにおけるソーシャルワーカーがもつべき視点について理解ができた。
　　　□　よくできた　　　　□　できた　　　　□　十分ではない

4 ソーシャルアクション

学習のねらい

　ソーシャルアクションは，クライエントのニーズを充足するために，社会福祉の制度・サービスを改善または創設を促す対人援助技術である。その展開過程は，①学習会や調査による問題の明確化と共有化，②解決すべき課題や要求の特定と対策案（計画）の策定，③広報活動等による住民理解の促進と世論・支援ネットワークの形成，④署名・陳情・請願・不服申立（審査）・訴訟等による行政機関・議会への理解と要求となる[(1)]。

　導入ワークではクライエントのニーズ（必要）の理解を，展開ワークではニーズ充足のために必要なソーシャルアクションの展開を体感的に学び，さらに権利（人権）擁護実践の重要性についての理解を深める。

• **Keyword**：ニーズ，アドボカシー，エンパワメント，社会正義

• **ワークに必要なもの**：特になし

1　導入ワーク——ニーズの充足

1．相談援助とは，社会資源によってクライエントのニーズを充足することである。ニーズ，すなわち，クライエントにとってニーズとは何であるか，を考えてみよう。その際，下記の事例を参考にして，クライエントが欲する，要求（want）・要望（demand）と必要（needs）との違いについても合わせて考えてみよう。

事例　大学生の学習ボランティア

　大学生のAさんは，毎週水曜日の午後6時から市の図書館で学習支援のボランティアをしている。一人親家庭で経済的に厳しくて塾に通えず，授業に遅れがちなB君（小3）から「宿題をやってほしい」と言われた。B君の状況を考えると，代わりに宿題をやることも必要かと思ってしまうが，何か違うような気がしている。

132

第3章　地域を基盤としたソーシャルワーク

必要（needs）	
要求（want）・要望（demand）	

2．1.の事例で，B君のニーズ（必要）を充足する社会資源について考えてみよう。社会資源には，制度・サービス，人材，機関，資金，モノ，知識，情報などがある。自由な発想で構わないので，思いつく「もの」や「こと」を5つ挙げてみよう。

社会資源5項目	
①	
②	
③	
④	
⑤	

3．隣の方とペアになる。ペアの相手が思いついたニーズ（必要）と，社会資源を聞いてみよう。そして，自分と違う「もの」や「こと」を下記の表に記入してみよう。

ペアの相手の意見	
ニーズ（必要）	社会資源

133

2 展開ワーク――ニーズの充足のために必要な活動

――― 事例　重度障害児のためのソーシャルアクション ―――

　C市では，重度障害児の医療費助成は，子ども医療費の対象ではなく，重度心身障害児者医療費助成制度（以下，「重度医療費」）の対象となっており，健常児は窓口無料という扱いではあるが，障害児は自動還付・償還払いである。障害児の保護者たちは，「同じ子どもなのに，制度が違う，子どもの制度を利用できないのはおかしい」という疑問をもっている。障害児の医療費助成に不利益があることを，保護者が認識しているのである。そこで保護者は，医療費助成の優先順位を，①子ども医療費，②重度医療費にすると決心し，制度を変えるための具体的な方法を考えるようになった。

　社会福祉士のDさんは，保護者からのこの問題への具体的な対処方法の相談を受け，制度改正に向けた支援を行うこととなり，行政への不服申立から訴訟を視野に入れた制度改善（子ども医療の利用＝窓口無料化）の実現に向けたプランを立て活動を始めた。

　活動を始めるにあたり，C市障害者家族会の協力を得て，障害児のいる世帯のアンケート調査を行った。その結果，障害児世帯の収入が，一般家庭に比べて低いという事実が明らかとなった。このことは，同世帯に一人親世帯（特に母子世帯）が多いことも1つの要因とも考えられるが，そのような世帯にあっては，障害児の医療費の自動還付・償還払いが続くと，医療機関の受診を控えざるを得ない状況を生む恐れがあると考えられた。

　この調査結果から，制度改善の必要性を再認識したので，まずこの問題の当事者である保護者のうち5人が，医療費助成・受給者証を，重度医療費から子ども医療費に変更する申請を行ったが，「子ども医療費資格者受給証の不交付決定」が各保護者へ送付された。この「子ども医療費申請却下」という行政処分に対し，保護者たちは，C市に対して異議申立を行った。

　異議申立を行った後，この活動に社会福祉士会の研修等で協働する弁護士に参加を依頼し，協議を重ね，法的活動の助言，具体的な戦術の立案についての協力を得られることになった。具体的には，異議申立に伴う行政側への口頭陳述書の作成と同行，制度運用への是正勧告，異議申立（不服申立）の却下後の行政訴訟への具体的な準備及び助言等，である。さらに，C市の有志市議の理解が得られ，議会での代表，一般質問という政治的応援も，得られることとなった。また，医療機関の医師や職員，患者グループとも「障害児医療費の窓口無料化」という共通目標によって連携協働し，マスコミが，この活動の周知に一役を担ってくれたことにより，支援，連携先が広がっていった。

　このような支援・連携の広がり，多方面からの働き掛けがあり，市議会最終日の挨拶の席上，C市長は障害児医療費の窓口無料化の実施を表明し，異議申立てを行った保護者・支援グループと市長との面談によって，そのことが確約されたのである。

第3章　地域を基盤としたソーシャルワーク

1．事例を読んで，健常児の医療費助成制度を念頭に置き，障害児の保護者にとってのニーズと思われる事項を書き出してみよう。その際，健常児に対するサービスの「違い」について，関心をもつことも重要である。

┌─── ニーズ（必要）と思われること ───────────────┐
│   │
│   │
│   │
│   │
│   │
│   │
│   │
└─────────────────────────────────────┘

2．ソーシャルアクションの展開過程には，①学習会や調査による問題の明確化と共有化，②解決すべき課題や要求の特定と対策案（計画）の策定，③広報活動等による住民理解の促進と世論・支援ネットワークの形成，④署名・陳情・請願・不服申立（審査）・訴訟等による行政機関・議会への要求がある[(2)]。事例の展開内容を，①～④の各段階に分けてみよう。

①　調査による問題と要求の明確化	
②　解決すべき課題の特定と対策案（計画）の策定	
③　広報活動等による住民理解と世論の形成	
④　署名・陳情・請願・不服の申立・裁判等による行政機関・議会への要求	

3．ソーシャルアクションには，他職種・他機関との連携が必要になる。事例の中から，その連携先（他職種・機関）を挙げ，書き出してみよう。

連携先	
職　　種	
機　　関	

135

ま と め

　クライエントのニーズ充足のために，社会資源を動員することはソーシャルワークの一つであり，これは社会福祉士の責務であるといえる。ただし，ニーズを充足するために必要な社会資源，特に社会福祉の制度やサービスに改善すべき点があったり，機能不全を起こしたりしている時は，改善または新たな制度・サービスの創設を促すことが必要になる。その展開過程が，①学習会や調査による問題の明確化と共有化，②解決すべき課題や要求の特定と対策案（計画）の策定，③広報活動等による住民理解の促進と世論・支援ネットワークの形成，④署名・陳情・請願・不服申立（審査）・訴訟等による行政機関・議会への理解と要求となる。[3] 事例から①～④の各段階を抽出することで，具体的な実践方法が理解できたものと思う。

　また，ソーシャルアクションは，社会福祉士だけで取り組むことは困難であり，他の専門職や機関との連携が必要である。いかにクライエントを中心とした支援のネットワークを築き，機能させていくのかが社会福祉士に求められる専門的技術であり，力量でもあることを理解しなければならない。

　さらに，クライエント自身が改善の要求を言い出しにくいことを，社会福祉士が代弁できるように環境を整え，組織化して社会に対して働きかけることが重要であり，そこには，エンパワメント理念に基づくアドボカシー機能（権利擁護）があることを理解してほしい。

　特に今回の演習事例のように，差別的扱いという権利侵害を受けている時は，その権利侵害からの回復，さらには権利の獲得・実現がアドボカシー（権利擁護）であり，その具体的なソーシャルワーク実践がソーシャルアクションである。

　　　知っておきたい用語
① 当事者・家族会
② 不服の申立
③ 医療費助成制度

注
(1) 仲村優一・一番ヶ瀬康子・右田紀久恵監修『エンサイクロペディア社会福祉学』中央法規出版，2007年，641頁。
(2) 同前。
(3) 同前。

[ソーシャルアクション] **理解度チェックリスト**

1．導入ワークにおいて，ニーズ（必要）の把握とソーシャルアクションの関連が理解できた。

  □　よくできた　　　　□　できた　　　　□　十分ではない

2．導入ワークにおいて，社会資源について理解できた。

  □　よくできた　　　　□　できた　　　　□　十分ではない

3．導入ワークにおいて，他者の意見から自身が感じたものと違う見方があること，クライエントのニーズ等を多角的に理解する必要があることが理解できた。

  □　よくできた　　　　□　できた　　　　□　十分ではない

4．展開ワークにおいて，健常児との違いから障害児及びその保護者のニーズを把握することが理解できた。

  □　よくできた　　　　□　できた　　　　□　十分ではない

5．展開ワークにおいて，ソーシャルアクションの展開過程の各過程，実践方法を具体的に理解できた。

  □　よくできた　　　　□　できた　　　　□　十分ではない

6．展開ワークにおいて，他職種・機関との連携が必要であることが理解できた。

  □　よくできた　　　　□　できた　　　　□　十分ではない

5 社会資源開発

学習のねらい

　ソーシャルワークにおいて社会資源は欠かすことができないが，その社会資源が，常に十分に用意されているとはいえない。そこで求められる援助技術が，社会資源開発である。その方法は，大きく分けて2つあり，1つは個々の支援の中で既存の資源に働きかけて，利用要件の変化等を促すケースアドボカシー，もう1つは一定の層の人々に共通するニーズを充足するために行う開発をコーズ（クラス）アドボカシーである。導入ワークでは，クライエントのニーズ充足に必要な社会資源を理解する展開ワークでは，支援のために不足している社会資源の開発手法を，段階的かつ体感的に学んでいく。

• **Keyword**：社会資源，アドボカシー，ソーシャルアクション

• **ワークに必要なもの**：特になし

1 導入ワーク——社会資源とは何か

1．クライエントのニーズを充足するためには欠かせないのが，社会資源である。それには，行政や法人，団体・組織，専門職など制度に基づくフォーマルな資源と，家族・親族，友人・知人，同僚，近隣，ボランティアなど非制度的なインフォーマル資源がある。以下の事例を参考にして，何がフォーマルな資源，またはインフォーマル資源となるのかを考えてみよう。できるだけ，思いつくままに挙げてみてほしい。

—— 事例　車いす利用の大学生 ——
　足が不自由で車いすを利用しているA君は，今年の4月からB大学に通うことになった。この新入生A君の支援を学生課から手伝うように依頼されたボランティアサークルCでは，顧問のD先生とともに，A君が大学生活を支障なく送るために必要な資源を考えていくことになった。

フォーマル資源	インフォーマル資源

2．1.の事例で挙げたＡ君の社会資源を配置したエコマップを作成しよう。作成にあたってフォーマル資源は◯で，インフォーマル資源を⬭で囲んでみよう。

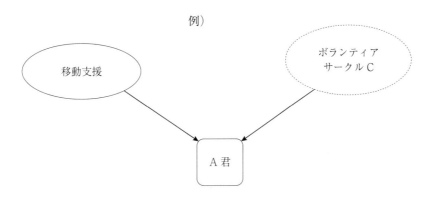

例）

3．隣の人とペアになり，ペアの相手と，上記1.のフォーマル及びインフォーマル資源について比較し，相違点について話し合おう。さらに，自分と違っていた点について，下記の表に記入しよう。

フォーマル資源	インフォーマル資源

2　展開ワーク——新たな社会資源の開発に必要な活動

―― 事例　親亡き後の問題 ――

　E市の障害者家族会では，メンバー（主に親・保護者）の高齢化に伴い，知的障害をもつ子どもの親亡き後のこと，いわゆる障害者の「親亡き後の問題」について考える機会を設けようという意見が出始めた。そこで事務局を担当するF社会福祉士は，メンバー等の意見・要望を受けて，親が現在担っている機能を解明するとともに，それらの機能を代替できる社会資源について検討してみた。

　まず，身の回りの世話であるが，この機能は障害福祉サービス等の公的な制度・サービスで，ほぼ代替できていることが確認できた。ただし，障害福祉サービスの利用に関して，契約を結ばなければならないこと，そして，費用の自己負担分についての支払いが必要であることが明らかになった。この部分は文字通り，親や保護者が代理契約や支払い代行を行ってきたことも，親・保護者からの聞き取りで明らかとなった。この部分・機能の代替は，成年後見制度や，日常生活自立支援事業などの権利擁護を目的とした制度・事業の利用が妥当であるとの見解に至ったのである。その中でも日常生活自立支援事業は，市町村社会福祉協議会が利用の窓口であることから，会員個々が地元の市町村社会福祉協議会に相談することとなった。

　一方で重度知的障害者については，成年後見制度の利用が妥当であると考えられるが，昨今問題となっている親族後見人による搾取，経済的虐待を未然に防ぐため，また，親族（主に兄弟姉妹）の養護・介護負担軽減のためにも，第三者に後見人となってもらうことが良いのではないかとの結論に至った。そこで家族会の会員とともに，弁護士会や司法書士会，社会福祉士会の各担当者から，成年後見制度の概要の説明を受けたが，後見人の報酬，費用について「年金だけでは払えない」「本人の本音，意思を引き出すことができるのだろうか」という疑問，意見が出された。また「子どものことは親が一番わかっている」という意見も出された。それらの意見を基に，家族会が後見事務を担うことができないだろうかということになり，会員の中でも比較的高齢で，問題意識の高い会員5人が中心となって，家族会による法人後見活動を始める準備を始めた。まず家族会の総会で決議し，一般社団法人を設立し，総会から3カ月後には，80歳を超えた保護者の世帯会員5人から，成年後見事務を始めることになったのである。

　最後に，新たな事業の運営上の課題として浮かび上がったのが，法人後見事業の運営に必要な財源と人材の確保，並びに関係者（事業者や地域住民等）の理解である。事業運営には資金と人材は欠かせない。また，関係者の協力も不可欠である。このことは，他の家族会の実践を参考にしながら，解決していくことになると考えている。

１．事例を読んで，重度知的障害者が地域で一人暮らしをしていくために必要な社会資源のフォーマル資源（障害福祉サービス・給付等）を書き出してみよう。

		名　　　称	内　　　容
フォーマル資源	①		
	②		
	③		
	④		

２．社会資源開発の展開過程には，①不足している社会資源の発見，②充足方法の検討（既存の社会資源の再資源化か新たな資源の開発か），③資源不足という課題を意識した人材の組織化，④開発上の課題の抽出と対処法の検討，⑤評価並びに実践の地域化がある。事例の内容から，展開内容を①～⑤の各段階に分けてみよう。

①　不足している社会資源の発見	
②　充足方法の検討	
③　人材の組織化	
④　開発上の課題の抽出と対処法の検討	
⑤　評価並びに実践の地域化	

3. 新たな資源開発の評価によって生じた新たな課題と対応方法について考えてみよう。

新たな課題	その対応方法
①	
②	

まとめ

　ソーシャルワークとは，クライエント（個人・集団・地域住民）のニーズを社会資源で充足することであり，このことを担い，職務とするのが社会福祉士である。しかし，その必要な社会資源が，常に地域に存在するとは限らない。そのようなとき社会福祉士は，当事者や地域住民とともに必要な制度・サービスの創設・開発を促さなければならない。その展開過程では，前述した①不足している社会資源の発見，②充足方法の検討（既存の社会資源の再資源化か新たな資源の開発か），③資源不足という課題を意識した人材の組織化，④開発上の課題の抽出と対処法の検討，⑤評価並びに実践の地域化，に分類できるが，事例から①〜⑤の各段階を抽出してみよう。そうすれば，具体的な実践方法が理解できるだろう。

　また新たな資源の開発には，事業運営・継続のために資金や人材の確保，といった課題が生じることもある。そのためには，事業の運営管理に必要な広報，財源確保・募集の方法，事務手続きなどの知識も，必要になる。さらには，新たな資源を地域化するためには，資源の機能への理解とクライエントを中心とした支援のネットワークを築き，さらにそれを機能させていくことが重要である。

　最後に，クライエント自身が自らの課題に取り組み，環境改善を行っていくことを社会福祉士が支えるというスタンスが重要である。また，資源の創出や変革という社会資源開発においてもクライエント自身が主体者となることも肝要である。そのことがエンパワメント理念に基づくソーシャルワーク実践である。

第3章　地域を基盤としたソーシャルワーク

┌─── 知っておきたい用語 ──────────────────┐

① 障害者自立支援給付

② 日常生活自立支援事業

③ 成年後見制度

└────────────────────────────────┘

[社会資源開発]　理解度チェックリスト

1．導入ワークにおいて，社会資源におけるフォーマル資源とインフォーマル資源の
　　違いが理解できた。
　　　　　□　よくできた　　　　　□　できた　　　　□　十分ではない

2．導入ワークにおいて，サポートネットワークについて理解できた。
　　　　　□　よくできた　　　　　□　できた　　　　□　十分ではない

3．導入ワークにおいて，他者の意見から自身が感じたものと違う見方があること，
　　ニーズと資源等を多角的に理解する必要があることが理解できた。
　　　　　□　よくできた　　　　　□　できた　　　　□　十分ではない

4．展開ワークにおいて，障害福祉サービス・給付を理解できた。
　　　　　□　よくできた　　　　　□　できた　　　　□　十分ではない

5．展開ワークにおいて，新たな資源開発の展開過程の各過程，実践方法を具体的に
　　理解できた。
　　　　　□　よくできた　　　　　□　できた　　　　□　十分ではない

6．展開ワークにおいて，他職種・機関との連携が必要であることを理解できた。
　　　　　□　よくできた　　　　　□　できた　　　　□　十分ではない

6 クロージング

学習のねらい

　これまで取り組んできたソーシャルワーク演習を振り返り，自分はそこから何を学んだか改めて考える。そして，それを今後の学習や実践にどのように活かしていくか考えることは，ソーシャルワークの学習過程において意義がある。

　導入ワークでは，自分が印象に残った演習ついて振り返り，展開ワークでは，それをどう活用できるか検討する。

・**Keyword**：振り返り，社会福祉法人，「我が事・丸ごと」地域共生社会

・**ワークに必要なもの**：特になし

1 導入ワーク──演習の振り返り

　あなたは，勤務する社会福祉法人に設置されている「研修委員会」の委員に就任した。法人で働くソーシャルワーカーを対象にした今年度の研修計画を作成するにあたって，理事会から選任を受けたのである。

　その社会福祉法人は50年の歴史があり，高齢・障害・児童・生活困窮の各分野，あわせて15の施設・事業所を運営している。ソーシャルワーカーは，初任者からベテランまで法人全体で40人，あなたもその１人である。

　今年度の研修を計画するに当たって，理事会から研修委員に次の２つの条件が出された。

① 研修会を年度内３回，いずれも演習形式で実施すること。
② 研修内容は，地域住民が抱える課題について，高齢・障害・児童・生活困窮の分野を超えた"丸ごと"の相談を受け止めることのできるソーシャルワーカーの育成に資するものであること。

　明日は，いよいよ研修委員会の初会合である。あなたは学生時代に使った本書を久

第3章　地域を基盤としたソーシャルワーク

しぶりに開いて，自分がこれまで受けたソーシャルワーク演習を振り返ってみた。そして，印象に残っている演習を3つ選び，それがなぜ自分は印象に残っているのかをメモして，初会合に臨むことにした。

1．【個人作業】あなたが取り組んだ本書の演習を振り返ってみよう。あなたの印象に残っている演習を3つ選び，なぜ印象に残っているのか分析して，次の表に整理してみよう。

演習名	なぜ印象に残っているのか
①	
②	
③	

145

2．【グループ作業】4～5人のグループに分かれよう。

　実は，このメンバーこそが今回理事会に選任された研修委員会の委員であった。

　委員のメンバーが所属する社会福祉法人の法人名は，

社会福祉法人

である。

3．【グループ作業】委員各自があらかじめ本書から選んだ，印象に残る演習のタイトルを3つ書き出して，それがなぜ印象に残ったか，他の委員に説明してみよう。

氏名					
演習名					

2　展開ワーク──活用の検討

1．ここからは，理事会から出された条件を踏まえて考えてみよう。その際，次に挙げた厚生労働省の資料を参考にしてみよう。

第3章　地域を基盤としたソーシャルワーク

- 厚生労働省「誰もが支え合う地域の構築に向けた福祉サービスの実現——新たな時代に対応した福祉の提供ビジョン」平成27年9月17日。
- 厚生労働省「『地域における住民主体の課題解決力強化・相談支援体制の在り方に関する検討会（地域力強化検討会)』の最終とりまとめ」平成29年9月12日。

2．［グループ作業］3回の研修で，どの演習を行えば「地域住民が抱える課題について，高齢・障害・児童・生活困窮の分野を超えた“丸ごと”の相談を受け止めることのできるソーシャルワーカーの育成に資する」ことができるか，研修委員会で決定しよう。

また，その決定理由もあわせて理事会に報告しよう。

演習名	決　定　理　由
1回目	
2回目	
3回目	

■ ま　と　め

　近年の社会全体の大きな変化に伴って，ソーシャルワーカーの役割や社会福祉法人の使命も見直しを迫られている。そのような認識に立って，架空の社会福祉法人の研修委員として，これまで取り組んできた演習を振り返り，その活用について考えるこ

147

とができただろうか。

　続いて，次章の「事例でみるワンストップ型ソーシャルワークプロセス」のワークに進んでいってほしい。これまでの演習で学んだソーシャルワークの価値や視点，技術を活用する機会となるだろう。

[クロージング]　理解度チェックリスト

1．導入ワークにおいて，演習が印象に残った理由を考えることができた。

　　　　□　よくできた　　　　　□　できた　　　　　□　十分ではない

2．展開ワークにおいて，他のメンバーの考えを聞くことができた。

　　　　□　よくできた　　　　　□　できた　　　　　□　十分ではない

3．展開ワークにおいて，ソーシャルワーカーの役割や社会福祉法人の使命について考えることができた。

　　　　□　よくできた　　　□　できた　　　□　十分ではない

第4章

事例でみるワンストップ型
ソーシャルワークプロセス

学習のねらい

　本章は，各節を1パッケージ（90分の授業1回分）とした第1章から第3章までの様式と異なり，これまでに学習した事項を含め，複数の課題をもつ1つの家族への支援過程を総合的・包括的な実践を通して，ソーシャルワークのプロセスを学ぶ章である。

　個別相談の背景には家族の存在があり，家族の中にさまざまな課題が存在している場合も多い。複数の課題をもつ家族への援助過程においては，子どもや高齢者，障害者とそれぞれ個別に分けて対応するだけでは家族というシステムへの対応は難しい。利用者にとっても，対象ごとに異なる部署に相談することは，現実的にかなりの困難を伴うであろう。

　本章では，多坂家の相談を通して，1つの家族を支援するソーシャルワークのプロセスの展開を学ぶ。つまり，ワンストップの相談窓口を想定した事例である。

　ソーシャルワークのプロセスは，「インテーク」に始まり，「アセスメント」「プランニング」「インターベンション」「モニタリング」「エバリュエーション」「ターミネーション」と続く。各節ごとにワークが設けられている。それぞれの節でのワークを確認しながら，ソーシャルワークのプロセスを学ぼう。

　本章は，多坂家の長女真菜の相談から始まり，1つの節目となる終結までの展開を見ていく。自分が南北区生活困窮者相談窓口のソーシャルワーカー・浅田さおり（プロフィールは以下参照）になったつもりで，展開を考えてみよう。相談援助者のプロフィールは，次の通りである。

　　浅田さおり：女性（29歳）。南北区生活困窮者相談窓口ソーシャルワーカー。
　　（以下，浅田ワーカー）
　　　　　　　大学で社会福祉学を学び，卒業後地元の南北区役所に入職した。社
　　　　　　　会福祉士とケアマネジャーの資格を取得している。現在，入職7年
　　　　　　　目の中堅のソーシャルワーカーである。

第4章　事例でみるワンストップ型ソーシャルワークプロセス

1　インテーク

1　相談者の紹介

（1）相談者のプロフィール

　多坂真菜（女性20歳）は保育士を目指す専門学校の2年生である。自宅家賃の滞納が数カ月続いているため，大家さんからこれ以上の滞納が続くようであれば，家を出ていってもらうという文書が自宅に届いているのを偶然発見し，父親を問い詰めた。父親はそれに対処できるような余裕がない状態であり，自分が何とかしないといけないと焦るばかりで良い方法が見つからないまま日々を過ごしていた。そして，真菜が相談した専門学校の教員から，地域の生活困窮者相談窓口を紹介された。

（2）多坂家の家族構成

　　祖　父：修　吾（50年近く前に事故で死亡）

　　祖　母：道　子（79歳）

　　父　　：修　治（54歳）

　　母　　：美代子（12年前に死亡）

　　兄　　：翔　　（23歳）

　　本　人：真　菜（20歳）

2　相談者が相談援助者との相談に至るまでの経緯

　真菜は，20歳の保育士を目指す専門学校の2年生である。真菜には，安心して勉学に励めない悩みがあった。家賃の滞納をはじめとする家の経済状況についてである。

　父親の勤めていた会社は1年程前に倒産している。その前後より父親は気持ちが落ち込んだり不眠や体重減少が続いたりしていたため，心配して祖母とも相談し病院に連れていった所，抑うつ状態と診断されて現在服薬中である。現在は，失業保険とこれまでの蓄えで何とか暮らしている。滞納家賃の請求額は，真菜が学費の足しにしているアルバイト代金を当てても到底覚束ない額であった。真菜の家が父子家庭であることもあって，相談にのった教員は今後のことも含め地域の生活困窮者相談窓口を紹

151

介した。

　真菜は，専門学校の先生から紹介された市役所の相談窓口に来た。どのように相談したらよいのか不安だったが，窓口の相談員（浅田ワーカー）は女性で，穏やかそうな表情で微笑んで自己紹介してくれたので，少し安心し，思い切って相談してみることにした。すると静かな部屋に通された。

　真菜　「あのぉ，<u>未払いの家賃のことで相談に来た者なんですが…。①</u>」

　浅田　「そうですか。<u>未払いの家賃があるのですね。それでご心配なんですね。②</u>」

　真菜　「そうなんです。実は，家賃の督促状が何通も溜っていて，それを偶然見つけて，家には支払うだけのお金がないし，私は今専門学校の学生なので，いくらアルバイトを入れても到底足りないし…。」

　浅田　「それはご心配ですね。この窓口は，毎日の暮らしで経済的に困った時などのご相談ができる所です。資金援助が可能な制度もありますから，まず現在のご自宅の状況を教えていただけますか？　ご家族とご一緒に住んでらっしゃいますか？」

　真菜　「あ，はい，家族は全部で４人です。父と兄と祖母と私です。父の会社が倒産して，今家にずっといるので収入は失業手当だけなんです。それで，私がアルバイトして自分の授業料くらいは払おうと思って，アルバイトをできる限りいっぱい入れているんですが，とても間に合わなくて。」

　浅田　「真菜さんは，アルバイトと学校とでずいぶん忙しい毎日なんですね。お父様がご自宅にいらっしゃるとのことですが，お仕事は今されてらっしゃらないんですね。」

　真菜　「父は，１年前くらいまでは自宅近くの工場で腕の良い旋盤工だったんです。それが不況の影響で工場が倒産してしまって，現在は失業保険をもらいながら仕事を探しているんです。」

　浅田　「そうなんですか。仕事は見つかりそうですか？」

　真菜　「それがなかなか見つからなくて，父も困ってしまって，最近では仕事を探すことも少なくなってしまっています。それで，ますます家計のことが心配で，アルバイトを増やしてしまうのです。でも，実習がある時はアルバイトも入れられないし，本当に困ってしまって……。」

　浅田　「それで相談に来られたんですね。お父様は，仕事が見つからないことでどうされていますか？」

　真菜　「それが……。父は，眠れなかったり気持ちが落ち込んで不安な様子が強かったりしたので，祖母とも相談して病院に連れていって抑うつ状態と診断されたんで，仕事を探しに行ける状態ではないんです……。」

152

第4章 事例でみるワンストップ型ソーシャルワークプロセス

　浅田 「そうですか。お父様はどなたかにご相談されたりしていますか？」

　真菜 「いえ，父は他人様に心配をかけてはいけないという考えで，何とか自分一人でやってみようとしているようです。」

　浅田 「お父様のお話も聞かせていただけると良いのですが。まずは真菜さんからお父様に今回の相談のことについて伝えていただいて，ご一緒に今後を考えて行きましょう。③　お父様とお話できるように，こちらから訪問させていただくことも可能です。」

　真菜 「こちらで相談できると思うと少し気が楽になりました。父にも話してみます。よろしくお願いします。③」

ワーク1：真菜が言った言葉（下線①）には，さまざまな不安な気持ちがあると考えられる。どのような不安なのか考えてみよう。そして，その不安に対して，どのように対応すれば良いのか考えてみよう。

真菜の不安	不安への対応方法

ワーク2：浅田ワーカーが言った言葉（下線②）は，面接技術のどのような手法に基づくものなのか考えてみよう。

　相談者の話を傾聴するための面接技法には，どのような方法があるか整理してみよう。クライエントの話を傾聴するための方法として，A. E. アイビィの「マイクロカウンセリング」がある。面接技法として励まし，言い換え，感情・意味の反映，要約

153

などがある。また，相談のためのコミュニケーションは，受容，傾聴，共感的理解が重要である。

ワーク3：「一緒に考えていく」「よろしくお願いします」というやりとり（下線③）には，どのような意味があるだろうか？

ワーク4：主訴は何だろうか。まとめてみよう。

ワーク5：インテーク面接を読んで，重要な点をまとめてみよう。

2 アセスメント

1 2回目の面接

　浅田ワーカーは，真菜に浅田ワーカーの所へ相談に行った旨を父親に伝えてもらうよう依頼するとともに，父親と一緒に面接する約束をして，その日は別れた。

　その1週間後，真菜1人が浅田ワーカーのもとを訪ねてきた。浅田ワーカーは真菜の置かれている詳しい状況を聴くことにした。

　浅田　「こんにちは。今日は真菜さんお一人でいらっしゃったのですね。」

　真菜　「そうなのです。父に相談に行ったことを話したのですが，逆に怒られてしまって…。父からは，よそ様に家庭のことを話すのは，恥さらしだと言われたのです。でも，このままじゃ生活することもできないし，何とかしなければならないと思って私だけが来ました。」

　浅田　「そうでしたか。わかりました。それでは，もう少し詳しい状況をお聞かせいただけたらと思います。まずは，真菜さんの御家族のことについて，お伺いしますね。おばあさんはどんな方ですか？」

　浅田ワーカーの問いかけに対し，真菜は次のように述べた。

　真菜　「おばあちゃんの名前は道子で79歳です。おじいちゃんが事故で亡くなってから，おばあちゃんは1人で金物屋を営みながら，お父さんとおじさんを育てたそうです。でも，おじさんがある日突然家出をし，行方不明になった時にはおばあちゃんは大変ショックを受けて一時寝込んでしまったと聞いています。でも，お父さんが工業高校を出て近所の工場で働いて，結婚して兄と私が生まれ，心から喜んだみたいです。

　12年前にお母さんが子宮がんで亡くなった時には，幼い私たちに不自由をかけないように母親代わりとなって世話をしてくれました。一生懸命家事をこなし，私たちが成人した頃から，少しずつ老化で日常の動作が遅くなり，小さい段差でつまずいたりすることが増えてきました。これまで大きな病気には罹ったことはなかったのですが，

155

腰や首の痛みを訴えるようになり，近所の診療所に通院することも増えました。また，その頃から，近所に大きなスーパーマーケットができ，徐々にお店のお客様が減っていきました。下町なので，近所の人たちにも長年の知り合いが多かったのですが，再開発が進み，大規模マンションや商業施設が次々に建設され，これまでの知り合いがどんどん引っ越してしまいました。今では，近所には見知らぬ若い人たちが増えていったので，おばあちゃんはきっと寂しい気持ちをもっていると思います。

　その上，体調が良くない日が続き，この頃はすっかり出歩くことは減っています。おばあちゃんは，『自分の体調不良や私たち家族のことが心配だ』ってよく言っています。月6万5,000円くらいの国民年金をもらっているようです。」

　次に，浅田ワーカーは父のことを聞いた。

真菜「お父さんの名前は修治で，54歳です。工業高校を卒業した後，近所の中小企業の旋盤工として働いたそうです。もともと無口な性格で，気弱なところがあり，交渉事や仕事上でのストレスがあっても友人に話すことはなく，自分1人で抱え込む性格だとおばあちゃんから聞きました。そんな中，お母さんと出会って結婚し，兄と私が生まれました。ちょうど経済も上り坂の時期で，真面目に仕事をしていると給料が上がり，この頃が一番幸せな時期だったとよく聞かされました。でも，お母さんが40歳頃に子宮がんで，幼い私たちを残して亡くなってしまいました。その頃は，商売をしていたおばあちゃんがお母さん代わりとなって私たちの世話をしてくれ，何とか家族みんなで力を合わせて乗り越えてきたのだと思います。

　お父さんは，お母さんを亡くしたことがショックで寂しかったのでしょう。ますます人づきあいが悪くなり，1人で部屋にいることが多くなったみたいです。その後，色々将来のことを考えるうちに夜眠れなくなり，誰かと話す気力もなくなっていったみたいなのです。なんとか仕事には行っていたのですが，食欲も落ち体重が減っていることを心配したおばあちゃんと私の勧めで精神科クリニックに行ったら，抑うつ状態と診断されました。

　その上，去年，不況で長年働いてきた会社が倒産し，退職金ももらえず無職になりました。その後，再就職をしようとハローワークに通ってはいるものの，なかなか新しい仕事は見つからないようで，今は失業手当をもらっています。病院の先生からは無理をしないようにと言われているのですが，どんどん不安が募って，誰に相談してよいかもわからず途方にくれているように私には見えます。

　家賃も4カ月分溜っているので，長年住み続けた家を出なければいけない状況になるかもしれない心配があります。お父さんは，『大家さんとは長年の付き合いでもあ

るし，今しばらく家賃の支払いを待ってもらえるように，今度お願いに行こう』と言っていました。もらっていた月16万円の失業保険は2カ月後の12月末で切れてしまうし，年金が出るまでまだ間があるし，貯金もほとんどなくなったのではないかと思います。お兄ちゃんのことは心配しているように見えますが，もう諦めているような感じもします。私の学費も払えないので，何とか自分で稼いでいます。」

兄の話題が出たため，浅田ワーカーは兄についても聞いてみた。

真菜「お兄ちゃんの名前は翔で23歳です。私より3歳上で，小さい頃から私の面倒をよくみてくれたやさしいお兄ちゃんです。高校は休み休みながらもようやく卒業したものの，進学することも就職することもなく，自宅に引きこもってしまいました。おばあちゃんの話だと，中学の時に酷いいじめを受けたこともあって不登校になったようで，高校も通信教育を行うサポート校というところに通っていました。

高校時代の成績は中くらいで，卒業はしたものの，もともと他の人とうまくコミュニケーションをとることが苦手で，中学時代は学校では一言も話さない日もあったみたいです。中学校や高校の担任の先生からは，『発達上の配慮が必要であるかもしれないから，一度専門医に受診したらどうか』と何度も勧められたみたいですが，お父さんが『人様のお世話になりたくない』という考えを持っていたため，受診していないようです。

お兄ちゃんの生活リズムは，完全に昼夜が逆転していて，夕方に起きだして，近くのコンビニに食べ物を買いに行った後は，部屋にこもりきりでオンラインゲームに没頭しているようなのです。朝方までゲームをした後に眠りにつくというリズムみたいです。でも，自分の小遣いが無くなると，郵便局や運送会社で荷物の分類などの短期間のアルバイトをしているのですが，いつもすぐに辞めてしまい，2～3カ月ごとにアルバイト先が変わっています。」

次に，真菜自身について聞いてみた。

真菜「私は今年20歳になりました。優しいお母さんと働き者のお父さんの下で生まれて，のびのびと育った気がします。でも，お母さんが亡くなってからは，一気に経済的な不安が押し寄せてきました。以前から保育士になりたくて，専門学校に入り奨学金をもらって勉強しています。今，2年生です。お父さんの仕事がなくなったため，自分の学費は自分で払わなきゃと思って，毎日アルバイトをしています。

友達から，時給の良いアルバイトの情報を教えてもらい，居酒屋の夜のアルバイト

を週3日と日中のパン屋のアルバイトを週3日しています。居酒屋では月6万円，パン屋では月4万円のアルバイト代と食事を出してもらっていますが，そのうちの2万円は生活費として家に入れています。」

　最後に，家族全員の現在の生活状況について聞いてみた。

　真菜「家事は，主におばあちゃんが行っています。朝は，私がパン屋から安くもらってきたパンを食べて，昼はおばあちゃんが作った食事をおばあちゃんとお父さんが食べています。夜はおばあちゃんが作った食事を食べるのですが，私は週6日夜までアルバイトが入っているので，家で食事ができるのは1日だけです。そんな時は，たまに私も作ることがあります。お兄ちゃんは部屋に閉じこもっているので，好きな時にコンビニで買ってきた物を食べているみたいです。

　掃除や洗濯はほとんどおばあちゃんがやってくれますが，私もお休みの日には手伝うことがあります。お父さんは電球を替えたりはしてくれるのですが，ほとんど家事は手伝ってくれません。でも，いつも買い物だけはやってくれます。おばあちゃんの身体が思うように動かないので，お父さんに買い物のメモを渡すと，お父さんはそれを買ってきます。

　家は築40年の3DKの平屋で，お風呂とトイレは別々です。お父さんの部屋とお兄ちゃんの部屋，おばあちゃんと私が一緒の部屋で寝ています。学校の課題がある時は，いつもダイニングのテーブルで行っています。家賃は1カ月7万円です。」

　浅田ワーカーが真菜から聞き取った限りでは，多坂家の経済状態は以下の通りだった。

　父親が会社に勤めていた時には月額約30万円の給与が支払われており，現在受給している失業保険は月16万円である。また，祖母が受給している国民年金は月6万5,000円，真菜の収入は10万円で，多坂家の総収入は約32万5,000円であった。

　ちなみに，多坂家の住所と家族構成での生活保護の最低基準を算出してみた所，以下のようになった。この世帯の生活保護レベルは，南北区の住所から1級地1になり，4人家族で各年齢の基準値を合計すると25万3,800円，それに1級地の住宅扶助費約7万円を加えると，合計32万3,800円となった。このように多坂家は，生活保護基準をわずかに上回るレベルで生活していることがわかった。

第4章　事例でみるワンストップ型ソーシャルワークプロセス

2　情報整理

　浅田ワーカーは，真菜から聴いた情報をまずは整理した上で，多坂家の抱えている問題を分析することにした。そのために，最初は多坂家のエコマップを描き，次にいつも活用しているバイオ・サイコ・ソーシャルの側面が把握できる情報整理シートに沿って情報を整理した。それについては，真菜と一緒に取り組んだ。

ワーク6：多坂家のエコマップを描いてみよう。

ワーク7：多坂家の情報を，バイオ・サイコ・ソーシャル（45頁参照）に分けて整理してみよう。

バイオ	
サイコ	
ソーシャル	

3 情報分析

次に，浅田ワーカーは多坂家のストレングス（長所・強み）を明らかにする作業を行った。

ワーク8：多坂家のストレングス（長所・強み）をできるだけ多く挙げてみよう。

その上で，多坂家の抱えている課題を以下のように分析し，ニーズを確定した。

ワーク9：多坂家の抱えている課題を分析し，ニーズを明らかにしよう。

浅田ワーカーは以上の作業を行った後に，今後，課題を解決するために計画を立てて，支援を行っていくことを真菜と話し合った。

3 プランニング

「問題解決に前向き」であるという真菜のストレングスに着目した浅田ワーカーは，真菜と一緒に支援計画を立てることにした。

まず，浅田ワーカーは，アセスメントで導き出した多坂家のニーズについて，真菜に説明した。頷いて聞いていた真菜は，浅田ワーカーの説明が終わると，ふーっと大きくため息をついた。

浅田 「どうでしょう？　これで合っていますか？」

真菜 「ええ，その通りです。つまり，何と言うか，家族みんなで安心して暮らしたいんですね，私は…。お金のこととか色々心配しないで…。」

浅田 「それを長期目標にしましょう！」

真菜 「長期目標？」

浅田 「すぐには解決しないこともあるけど，1年後には『経済的に安定して，家族で安心して暮らす』という長期の目標を持って，これからのことを一つひとつ考えていくこと。それが大切です。」

真菜 「希望を持って！　ですね。」

浅田 「そうです，その調子です。長期目標が決まったら，次は短期目標です。今，真菜さんの頭を悩ませていることを具体的に3つ，このメモに書き出して下さい。」

真菜はしばらく考えて，次の3点を書き出した。

① 父親が仕事に就いていない。
② 兄がひきこもりがちである。
③ 家賃滞納で立ち退きを迫られている。

書き終えた真菜は，「父のこと…，それから兄のこと…，私がこれを全部，解決するなんて…」と力なく呟いた。

浅田 「何も真菜さん1人で背負い込む必要はありません。お父さんも，お兄さんも，おばあちゃんも，みんなが良い方向に向かっていけるように，みんなで力を出し

合って段階的に解決していけばいいのです。」

　真菜　「みんなで力を出し合って，段階的に……。」

　浅田　「そうです。家族全員です。もちろん私もお手伝いします。」

　真菜は大きく頷いて，メモの余白に「多坂家の課題」と書き添えた。

　続いて，浅田ワーカーは，「この多坂家の3つの課題を，3つの短期目標に変えてみましょう」と言って，真菜との面接を先に進めた。

ワーク10：この3つの課題をそれぞれ短期目標に変えてみよう。

課題A「父親が仕事に就いていない」

⇩

┌── 短期目標A ────────────────────────────┐
│   │
│   │
│   │
└──┘

課題B「兄がひきこもりがちである」

⇩

┌── 短期目標B ────────────────────────────┐
│   │
│   │
│   │
└──┘

課題C「家賃滞納で立ち退きを迫られている」

⇩

┌── 短期目標C ────────────────────────────┐
│   │
│   │
│   │
└──┘

ワーク11：その3つの短期目標について，取り組む優先順位を決めよう。また，そう判断した理由（根拠）も説明してみよう。

短期目標A─（　　）番

第 4 章　事例でみるワンストップ型ソーシャルワークプロセス

短期目標B―（　　）番

短期目標C―（　　）番

```
┌─── 理　　由 ────────────────────────────┐
│                                              │
│                                              │
│                                              │
│                                              │
│                                              │
│                                              │
└──────────────────────────────────────┘
```

　真菜　「この目標通りにいけば，多坂家はサイコーなんだけどなあ。兄にもできればちゃんと就職してもらって，家にお金を入れてもらって……。」

　浅田　「そう，最高ですね。でも，あまり焦って考えてはいけません。お兄さんの現時点のゴールは，ここに書いた通りです。」

　真菜　「あ，そうでした。段階的に解決していくんでしたね。」

　浅田　「それで優先順位を付けてもらいましたが，やっぱり家賃のことが先決ですね。」

　真菜　「はい。それが片づかないと毎日安心して寝られません。」

ワーク12：もしあなたなら多坂家の課題をどう解決するだろうか。3つの短期目標に即して，それぞれ具体的な解決策を考えてみよう。

長期目標	経済的に安定して，家族で安心して暮らす
短期目標	解　決　策
(1)　滞納を解消して現在の家で暮らす	
(2)　父親が仕事に就く	
(3)　兄が家以外に居場所を見つける	

ここで浅田ワーカーは，真菜に南北区の生活困窮者自立支援事業の概要を説明して，その事業に基づいた，次のような支援計画表を真菜と一緒に作成していった。

長期目標	経済的に安定して，家族で安心して暮らす		
短期目標	取　り　組　み	支　援　機　関	期　　間
(1)　滞納を解消して現在の家で暮らす	・滞納家賃の返済計画を立て，大家と交渉する。 ・利用可能な各種給付制度の利用手続きをする。	南北区社会福祉協議会 （家計相談支援事業）	1カ月
(2)　父親が仕事に就く	・就労支援相談員の同行を得て，ハローワークで求職活動をする。 ・体調の管理をする。	南北区生活困窮者相談 （自立相談支援事業）	3カ月
(3)　兄が家以外に居場所を見つける	・生活リズムの確立，体力の向上，健康管理，コミュニケーション力の向上，PCスキルの習得，社会人マナーの習得等で，週2回センターを利用する。 ・ボランティア体験，就労体験を積み，中間的就労に移行する。	NPO法人南北就労準備センター （就労準備支援事業）	3カ月

　この作業を終えた真菜は，明るい声で「よくわかりました」と言った。

　浅田　「真菜さんがわかってくれてよかったです。実際は，お父さんとお兄さんに取り組んでもらうことが多いのですが，まず真菜さんに見通しを持ってもらいたかったので。」

　真菜　「でも，父や兄がこのプラン通りにやれるかどうか…。せめて，浅田さんの話を聞きに来てくれたらいいんですけど…。」

　浅田　「そうですね。私もお父さんとお兄さんから直接お話を伺いたいと思っています。」

　真菜　「私，ここに父を引っぱってきますよ。うーん，でも…。」

　浅田　「真菜さん，こうしたらお父さんにお会いできるのではないでしょうか？」

　ここで浅田ワーカーは，修治のような，来所相談にすぐ結びつかないクライエントに対するアプローチ方法を真菜に提案した。

ワーク13：浅田ワーカーの提案とは，どのようなものだろうか。具体的に考えて，いくつか挙げてみよう。

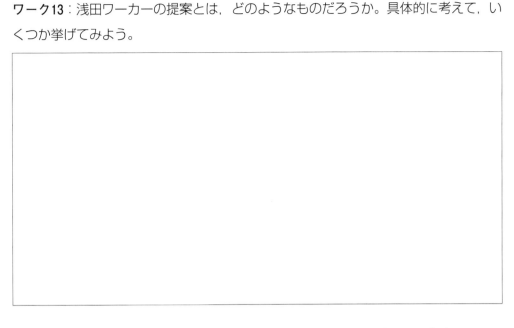

　浅田ワーカーは，生活困窮者相談窓口が行っている2つのアプローチ方法について真菜に説明した。

　1つは「訪問相談」である。さまざまな理由から区役所の窓口に来られないクライエントに対して，こちらから自宅を訪問して話を伺う。相談員が何度か自宅を訪ねることによって，支援に結びついたケースも多い。

　もう1つの方法は「出張相談」である。月2回「区民生活相談会」と称して，相談の窓口を区役所以外に設けている。区民会館や保健所，商店街連合会の事務所を借りたり，さまざまな区民イベントの会場にブースを出したりして，誰でも気軽に相談に来てもらえるよう工夫をしている。

　次に開かれる「区民生活相談会」は，今週の金曜日，会場は中央図書館の会議室，幸い浅田ワーカーが当番である。中央図書館なら家の近所であるし，父親もよく利用している。もしかしたら連れていけるかもしれないと真菜は思い，浅田ワーカーにそう告げた。

　その晩，真菜は夕食の席で，今日の浅田ワーカーとのやり取りと「区民生活相談会」のことを修治に話した。相談に行くことを真菜に促されても無言だった修治だが，隣で聞いていた道子に「アンタが行かないなら，アタシが金曜日行って話してくるよ」と言われて，しぶしぶ了解し，結局3人で行くことにした。

　金曜日，自宅から歩いて数分の中央図書館は普段利用していたが，今日はご近所の目が気になったのか，会議室のある2階に上がるのを修治は躊躇した。それでも道子が真菜に体を支えられてエレベーターに乗っていく姿を見て，後に続いた。

　会議室は修治が想像していたよりは狭く，笑顔で出迎えてくれた浅田ワーカー以外，

165

誰もいなかった。「区民生活相談会」という名前から何か大がかりなものを想像して緊張していた修治は，少しほっとした。修治と道子に自己紹介をした浅田ワーカーは，これまでの経緯を2人に説明した。その中で，真菜の現在の不安な気持ちと家族への思いを代弁した。道子は，時折ハンカチで目頭を押さえながら聞いていた。修治は終始うつむいていたが，浅田ワーカーの話が終わると，「とにかく自分で何とかしなければと思っています。ですが，そう思えば思うほど，どうしたらいいかわからなくなってしまって……」と重い口を開いた。

浅田ワーカーは，改めて生活困窮者相談窓口の事業内容と相談員の自分の役割について説明し，修治と道子の健康状態，多坂家の生活状況，経済状況などを2人から簡単に聞き取った。

「最後に」と前置きして，浅田ワーカーは，2人がそれぞれどのような希望を持っているか尋ねた。

　道子　「私の希望は，家族4人がつつがなく暮らせるように，それだけですよ。それには，もうちょっと私もしゃんとしないとねえ。この息子もそうですけど……。お恥ずかしい話ですよ，まったく。真菜にばっかり苦労かけちゃってねえ……。」

　修治　「1日でも早く家族を安心させたいです。それには私が働かないと。それと……，息子のことも何とかなればと思っています。」

ここまで聞いた浅田ワーカーは，「経済的に安定して，家族で安心して暮らす」という長期目標を提示し，真菜と作成した支援計画案について説明を行った。

修治が取り組む「家計相談支援事業」と「自立相談支援事業」のプランをまず優先して来週の支援調整会議にかけ，兄の翔に対する「就労準備支援事業」の支援については，翔と直接話ができるようになってから再度検討するということにしてはどうかと浅田ワーカーは提案した。

真菜たち3人は，この支援計画案とその進め方に同意し，何度も礼を言って帰っていった。

第4章　事例でみるワンストップ型ソーシャルワークプロセス

4　インターベンション

1　支援調整会議の実施

　区民生活相談会（生活困窮者相談窓口にて実施する出張相談）での真菜，道子，そして修治との面談，つまり多坂家に対する支援計画の当事者への合意を得た浅田ワーカーは，上司である上野ワーカーに状況を説明した後，すぐに関係機関のソーシャルワーカーへ連絡し，支援調整会議の開催に向けた事前の協力依頼を行った。

　短期目標(1)の「滞納を解消して現在の家で暮らす」（164頁参照）については，南北区社会福祉協議会の中川ワーカーへ電話連絡し，これまでの経緯についてその概略を簡潔に説明するとともに，「家計相談支援事業の対象となることが考えられ，社会福祉協議会としても関係機関とともに連携を図り支援を実施していきたい。」との回答を得た。また短期目標(3)の「兄が家以外に居場所を見つける」（164頁参照）については，同区にある，NPO法人南北就労準備センターの下山ワーカーへケースの概略を説明するとともに調整を図り，「難しいケースではあるが，支援の必要性は高く，詳しい状況を確認するためにも，まずは会議の開催が必要である」との回答を得た。

　1週間後，南北区生活困窮者相談窓口を担う浅田ワーカーと上司の上野ワーカー，南北区社会福祉協議会の中川ワーカー，NPO法人南北就労準備センターの下山ワーカー，その他の委員が集まり支援調整会議が実施された。

ワーク14：支援調整会議において確認すべき事柄を書き出してみよう。

　支援調整会議では，アセスメント結果を含めた経過記録と支援計画書を基に，多坂家の課題解決に向けた今後の取り組みや支援の進め方について話し合いがなされた。

浅田　「本日は，お集まりいただきありがとうございます。本日初めてご検討いた

167

だくケースにつきまして，まずはアセスメントシート及び支援計画案を基に，その詳細をお話したいと思います。」

（アセスメント結果と支援計画書の説明を行う）

浅田「事実確認につきまして，質問はございますか？」

中川「家計相談支援事業としては，まず家計に関するアセスメントを行い，家計の状況を『見える化』する必要があります。その上で家計再生の計画・家計に関するプラン作成を行っていきます。最終的にクライエントの家計管理に対する意欲を引き出すことが求められますが，直接面接を行うのは，修治さんということでよろしいでしょうか？」

浅田「本ケースの場合，支援のキーパーソンとなるのは支援のきっかけともなった真菜さんであると考えられます。よって，真菜さんの父親であり家計の中心を担う修治さんはもちろん，真菜さんを交えた取り組みが必要であると考えます。」

中川「わかりました。修治さん及び真菜さん，場合によって道子さんを含めて，まずは家計の整理を行い，その上で管理に関する支援，また滞納の解消や各種給付制度等の利用に向けた支援，必要に応じて債務整理や貸付けの斡旋等を行いたいと思います。」

下山「兄の翔さんについては真菜さんを中心とした家族からの情報提供はあるものの，支援にあたっての本人了解を含めた接点はなく，長期的な関わりが必要であると考えられます。」

浅田「翔さんを除く家族との話し合いにおいても，翔さんへのアプローチはまず本人との接点をもつことから始めることで了承を得ています。下山ワーカーがおっしゃる通り，長期的な関わりを念頭に，まずは本人の思いを認識することから始める必要があると考えています。」

支援調整会議では，上記の内容確認の他，多坂家に関する事実確認及びアセスメントに基づく支援計画案について質疑がなされ，最終的に支援方針を含めた支援計画案に関する了解と，計画に対する役割の明確化，また目標に応じたモニタリングの実施時期についての確認がなされた。

2　支援の実施

（1）滞納を解消して現在の家で暮らす——短期目標⑴

支援調整会議の翌日，浅田ワーカーは真菜に連絡し，家計相談支援を行う中川ワー

カーを紹介するために南北区社会福祉協議会へ来所する日時を打診した。来所にあたっては、修治も一緒に来所してほしいことも付け加えた。数日後、約束の日に、真菜、修治、道子が南北区社会福祉協議会へやってきた。そこで、これまで家族と関わってきた浅田ワーカーから、社会福祉協議会の中川ワーカーが紹介された。中川ワーカーは、会釈をするとゆっくりと話しはじめた。

　　中川　「はじめまして。南北区社会福祉協議会で家計相談支援を行っている中川と申します。」
　　道子　「どうぞよろしくお願いいたします。真菜の祖母の多坂道子と申します。」
　　真菜　「あ、こちらもよろしくお願いします。真菜、あ、多坂真菜といいます。」
　　修治　「真菜の父の修治といいます。」
　　中川　「みなさんは、この『家計相談支援』については、すでに何らかの説明を受けていらっしゃいますか？」

　真菜と道子は互いに顔を見合わせ、少し戸惑った表情をした。修治は黙って下を向いていた。

　　中川　「詳しい説明はまだのようですね。では、私から説明したいと思います。まず、皆さんが今いる、社会福祉協議会なのですが……。」

　中川ワーカーは社会福祉協議会、また家計相談支援事業について３人に確認をしながらその内容をわかりやすく説明した。そして説明の最後に次のような言葉を添えた。

　　中川　「社会福祉協議会は、地域で暮らすみなさんが、いきいきと生活できるよう必要な支援を提供し、また必要な支援等を紹介、結び付けることを目的とした機関です。特に家計相談支援事業は、経済的な生活困難に陥ってしまった、また陥ってしまいそうな人への支援を目的としたものです。もちろん支援といっても単なる経済的支援だけではなく、まずは相談されているご本人が課題となる状況をしっかりと理解し、その上で家計管理を自ら行えるよう寄り添い、自分自身で管理ができる、またそれらを通じて生活困難な状況に陥ることがなくなるようになってもらうことをねらったものです。当然、『生活困難』な状況はその人、家族によって異なってきますので、（多坂家の）みなさんには是非、社会福祉協議会、また家計相談支援事業をうまく活用して、現在の状況、課題を明らかにしてもらい、その上でうまく家計を管理できるようになっていただきたいと考えます。また、みなさんが家計を管理していくということ

に少しでも自信がもてるようにお手伝いしていきたいと思います。」

　中川ワーカーは，多坂家の人々の潜在的可能性を信じ，最終的にはこれまで不十分であったと考えられる家計の適切な管理について，真菜や道子を中心として家族員で意識して管理できるようになることを期待し，援助を進めていこうと考えていた。
　真菜と道子は，一連の中川ワーカーの説明，言葉を大きく頷きながら聞いていた。修治は時折顔を上げて遠くを見つめるような表情を浮かべる以外は，ほとんど下を向いたままであった。

　中川　「本日は，社会福祉協議会やこの事業（家計相談支援事業）の説明が多くなってしまいました。次回からは，みなさんにお話を伺いながら，現在の家計状況について明らかにしていきたいと思っています。」

　真菜と道子は，それまでの漠然としていた家計の問題について，将来に向けて多少なりとも明るい兆しが見えたように思えていた。

　2回目の面接において中川ワーカーは，支援の実施にあたり，まずは家計の状況を明らかにし，家計再生の計画及び家計に関する個別のプランを作成していくことを提案した。
　また，すでに滞納が続いている家賃については，生活福祉資金の総合支援金における一時生活再建費が使用可能であることを伝え，その実施を同時に計画していくことで家族からの了解が得られた。

ワーク15：上記の内容から，中川ワーカーが多坂家に対して用いている実践アプローチを下の中から選んでみよう。また，そう考える理由（根拠）を記入しよう。

> 問題解決アプローチ，ナラティブ・アプローチ，行動変容アプローチ
> 機能的アプローチ，課題中心アプローチ，危機介入アプローチ

選んだアプローチ

アプローチ

┌─ 理　　由 ─────────────────────────┐
│　　　　　　　　　　　　　　　　　　　　　　　　　　　　　│
│　　　　　　　　　　　　　　　　　　　　　　　　　　　　　│
└───────────────────────────────┘

170

（2）父親が仕事に就く――短期目標(2)

　真菜と道子を伴って修治が初めて南北区社会福祉協議会へやってきた際，浅田ワーカーは，中川ワーカーの説明を聞く修治の表情の暗さを心配していた。社会福祉協議会を後にする際，浅田ワーカーは修治に「焦らずに，一つずつ取り組んでいきましょうね」と，そっと声をかけた。修治は一瞬こくりと頷いた様子であったが，また下を向いて真菜と道子の後を追うように帰って行った。

　2日後，浅田ワーカーは，電話にて今後の定期的な修治との面談を約束した。この面談は，自立相談支援事業として改めて修治の今後の就労，及び体調管理に向けた支援を実施するためのものであり，定期的，しかし本人の負担を考え家計相談の時なども活用しながらの面談の実施を提案した。

　数日後，修治は約束の時間よりも少し早めに，面接のため南北区生活困窮者相談窓口を訪れた。「時間に正確なことは，仕事を行う上で大切なことですね。」浅田ワーカーがそう言うと，修治は無言で頷いた。

　浅田　「今後行っていく面接などを通して，修治さんがやりがいを感じられるお仕事を見つけられるよう，私もお手伝いをしていきたいと思います。もちろん，お話をしていく中で，お仕事に関すること以外のことで心配なことなどがありましたら，その時はいつでもおっしゃってください。改めてよろしくお願いいたします。」

　修治　「はい……，こちらこそ……，よろしくお願いいたします……。」

　浅田ワーカーは，修治がゆっくりとではあるが，言葉を絞り出している様子をうかがいながら，また大きく頷きながら，修治の言葉に耳を傾けていた。そして，修治が話し終わるのを待って，ゆっくりと話し始めた。

　浅田　「そうですね，修治さんが『就きたいお仕事』，これって，どういうものなのしょうか？」

　修治　「（長い沈黙の後）…自分にはわかりません…。」

　浅田　「質問が唐突すぎましたね。そうですね，修治さんがこれから働く上で心配なことはどのような事なのでしょうか？」

　修治　「…わからないのです。どうしていいのか，わからないのです。この年で仕事を見つけるのも，またするのも…。あと…その…病気のこともありますし。会社が倒産した後も，安定所には行きましたが，不器用なもんですから新しい仕事なんか見つからなかったですし…。」

心に溜めていた思いを解き放つかのように，しかし落ち着いた様子で話をする修治を，浅田ワーカーはやはり落ち着いた表情で見つめながらこう言った。

　浅田　「これまでのお仕事について，お伺いしてもよろしいでしょうか？」

　修治は意を決したようにゆっくりと話しはじめた。
　修治　「高校を卒業してから，正社員として就職しました。旋盤なんて，そりゃ派手な仕事じゃありませんけど，私なんかには向いていたんじゃないかと思います。人と接するより……，機械に向かっていた方が……，なんていうんですかね，落ち着くんじゃないんですかね……。給料なんかもたかがしれてますが，それでも真面目にやってりゃ，少しは上がっていきました。」
　浅田　「長年勤めた仕事に誇りをもっていらっしゃったことが伝わってきますよ。」
　修治　「でも，終わりなんてあっけないものですよ。世の中不況，不況ですから。でも，どっかで自分には関係ないなんて思ってたんですよ。ところが，自分のとこがあんな多額の借金抱えて…。あげくの果てに，退職金すらもらえず，『はい，さよなら』だなんて…。退職金がほしいってわけじゃないんですよ，俺は。」
　浅田　「ずっと頑張ってきたことが，急に目の前から姿を消して，すごくショックを受けられたのですね。」
　修治　「……この先，万が一仕事に就けたとしても，俺なんかが就ける仕事はたかが知れている。となれば，また同じような目に遭うんじゃないかって思うと腰が引けてしまって……。」
　浅田　「新たな仕事を見つけることへ向かっていけずにいたのですね。」
　修治　「……はい。でも，『それじゃいけない』とも思っているんです。母や娘には今さらですが……，これ以上迷惑はかけたくないし……。……家賃も，……あんなことになっているし……。」
　浅田　「それで心を奮い立たせて，そう，今日の面接にもいらっしゃったのですね。」
　修治　「わからないんです。どうすればいいか。この歳になって今さら新しい……なんですか，その，パソコンだのって覚えることはできないし…。旋盤工だってそうです。そういう技術っていうのは，長年積み上げていくものですから。それをこの年になって始めるなんて無理なんです。あと…。」
　浅田　「他に気になることがありますか。」
　修治　「人と関わるっていうんですかね。その，職場の人間関係とか，そういうのは苦手なんで……。」

第4章　事例でみるワンストップ型ソーシャルワークプロセス

　面談を実施していく中で，浅田ワーカーは，修治の就労，また生活全般に対する「自信のなさ」を感じるとともに，それが「仕事に就く」という目標を達成していくためには大きな課題となると確信していた。

　浅田　「今日は修治さんのこれまでのお仕事や，そのお仕事を通じて感じてきたことなど，たくさんのことを聞かせてもらえました。また修治さんが心を奮い立たせて，こちらへやってきていることも知る事ができました。今日は，たくさんのことをお話しいただき，ありがとうございました。次回は，どうすればいいかわからない中で，どのような一歩を踏み出していけばよいかを，一緒に考えていきたいと思います。」

　浅田ワーカーはそのように言って，次回の面接を3日後に行うことを約束して面接を終了した。修治は，自分でも驚くほど自身の気持ちを素直に言葉にできたことに対し，どこか達成感のような気持ちと，曇った心の中に一筋の光を見つけたような気持ちを抱いていた。
　3日後，修治はやはり約束の時間よりも少し早めに南北区生活困窮者相談窓口へやってきた。

　浅田　「こんにちは。前回もそうでしたが，修治さんの時間に対する正確さは，これから新たな仕事を見つけていく際のストレングスとなりますね。ああ，ストレングスというのは，修治さんがもっている『強み』ってことです。」
　修治　「強み……，ですか。」
　浅田　「そうです。人には，もしかしたらその人自身も気づいていない"強み"というものがあるのです。修治さんにも，修治さん自身も気づいていない"強み"がきっとたくさんあります。それを一緒に見つけて，これからの活動に是非活かしていきましょう。」
　修治　「はい。」
　浅田　「ところで，前回の面接では，修治さんのこれまでのお仕事のことや，仕事に対する考え，またこれから新たな仕事を見つけていく上での心配なことなどをお話ししていただきました。」

　そう言うと，浅田ワーカーは前回の面談を終えた後にまとめた次のような用紙を修治へ示した。

173

① 修治さんの仕事に対する思い
  - 旋盤工は自分なりのやりがいをもてる仕事であった。
  - 仕事を失うことへの恐れがある。
  - 家族のために早く働かなければならないと思う。
② 修治さんが仕事をする上で不安に思っていること
  - 新たな技術の習得
  - 新たな職場での人との関わり
  - 病気が完治していない

　黙って示された用紙を見つめていた修治は，小さく頷きながら，しばらくして言葉を選びながら話し始めた。

　修治「……確かにそうだ。……これじゃ，先に進めない。」
　浅田「このままでは進めません。不安を解消していかなくてはなりませんね。」
　修治「解消するっていっても……，すぐには難しいです。」
　浅田「確かに，すべてを一気に解消するのは難しいですね。ですので，それぞれの不安の解消に向けて，今からできることに取り組んでいくのです。『今できること』っていうのは，ちょっとしたことかもしれませんが，そのちょっとした取り組みを積み重ねることで不安は自信へとつながっていくのだと思います。」
　修治「一体，どんなことをしたら良いのでしょうか……。」
　浅田「まず，『技術の習得』ですが，以前，『パソコンなんて今さらできない』，そうおっしゃっていましたね。」
　修治「……えぇ。ああいうのはどうも苦手で……。」
　浅田「修治さんの得意なことは何でしょうか？　そうですね……，一つは『時間に正確である』ですかね？」
　修治「いや，得意と言うほどじゃありませんが……，前の会社の社長は時間にうるさかったもので……，自然と身に付いたっていうか……。」
　浅田「そうですね。『得意』っていうと，大げさな言い方になるかもしれません。『自分で自覚している自分のできること』っていうことでも構いません。次回の面接までに思い当たることを書き出してみてください。」
　修治「思い当たることですね……，考えてみます。」
　浅田「それから，『人との関わり』ですね。挨拶をすることは苦手ですか？」
　修治「挨拶くらいなら……，まぁ。でも……，話をしたりするのはちょっと…。」
　浅田「コミュニケーションですね。では，まずはご家族とコミュニケーションを

174

第4章　事例でみるワンストップ型ソーシャルワークプロセス

とってみましょう。先程お話した『自分のできること』，これについて，真菜さん，それから道子さんに尋ねてみて下さい。どんな答えが返ってくるかはわかりませんが，ご家族の意見も聞いてみましょう。やってみてもらえますか？」

　修治「はぁ，……いや，はい。家族に聞くのはなんだか…。でも聞いてみます。」

　浅田「よかった。今日は，課題のようなものを出してしまいましたが，この一つひとつの課題に取り組んでいくことで，修治さんの仕事に対する曇った気持ちが，だんだんと晴れ晴れしたものへと変わっていくと思います。すべての不安を一気に解消するのは難しいことです。ですので，それぞれの不安の解消に向けて，今からできることに取り組んでいくのです。次回は，家計相談の時にお話をしましょう。」

　浅田ワーカーは，話をしている際の修治の様子を見て，これまで同様にあまり多くを語らない様子は変わらないものの（また，そう簡単に変わるものではないという理解の上に），当初の暗く，うつむいた姿勢から，多少ではあるが前を向いている点を確認し，きっと課題に取り組んでくれるであろうと確信していた。

ワーク16：上記の内容から，浅田ワーカーが父親の修治に対して用いている実践アプローチを，下の中から選んでみよう。また，そう考える理由（根拠）を記入してみよう。

> 問題解決アプローチ，ナラティブ・アプローチ，行動変容アプローチ
> 機能的アプローチ，課題中心アプローチ，危機介入アプローチ

選んだアプローチ

アプローチ

─　理　　由 ─

（3）兄が家以外に居場所を見つける──短期目標(3)

　支援調整会議の翌日，浅田ワーカーは，下山ワーカーへ連絡し，今後の翔への支援について具体的な対応方法を検討した。

　浅田ワーカー自身も，これまで翔との直接的な接点はなく，妹の真菜を通じて情報を得ていることから，まずはキーパーソンとなる真菜と下山ワーカーとが直接会い，

175

翔についての近況を確認することとした。

　2日後の夕方，専門学校の帰りに南北就労準備センターの面接室にて，真菜と下山ワーカー，また浅田ワーカーを交えて状況確認を行った。

　真菜によると，翔は「家族とも」ほとんど接点をもたず，家族が置かれている経済的な問題についてもまったく無頓着の様子であるとのこと。自分自身は，短期的なアルバイトによって得られる収入により生活しており（もちろんそれだけでは生活ができていないのだが），他の家族には何の迷惑もかけていないといった態度であるとのこと。翔本人の今後の生活に向けた希望について，妹として確固たることはいえないものの，生活状況や本人の態度から，今の状況を改善し，家族が望むような生活へ移行する意思と思いは見受けられないとの評価であった。いずれにせよ，兄の翔の現在の生活の様子等について情報を有しているのは真菜であり，修治や道子は翔との接点，また現在の翔に関する情報はほとんど有していないことがわかった。また，翔のことを最も理解している真菜であっても，これからの生活に対する翔自身の思いや希望等については，十分に把握できていないことがわかった。

　この日，下山ワーカーは，真菜の話を聞き改めて翔への長期的な関わりの必要性について再認識した。その上で，浅田ワーカー，また真菜と今後についてまずは翔との接点を作る必要性について共有した。そして，南北就労準備センターのチラシを真菜から翔へ手渡してもらうことを依頼した。加えて，今後，下山ワーカーと真菜とで電話連絡を通じて，翔との面接機会を作っていけるよう働きかけることを確認した。

ワーク17：下山ワーカーは，兄の翔への支援を考えるにあたり，システム的アプローチ（家族療法）を用いようと考えている。支援の実施にあたり，現状での家族アセスメントとしての多坂家のファミリーマップを作成してみよう。

5　モニタリング

　モニタリングでは，支援が計画通りに実施されているかを確認するとともに，利用者本人・世帯がどう状況を理解しているのか，支援者などがどう状況を理解しているかを確認していく。

　浅田ワーカーは，支援が計画通りに実施されているかを確認するため，インターベンションの内容の情報を整理することにした。

ワーク18：グループごとに模造紙に，短期目標の取り組みがそれぞれ計画通りに実施されているか記述し（○△×で表記），その根拠となる表記を，本章第4節のインターベンションの文中から抜き出して書いてみよう。

短期目標	取 り 組 み	○△×	根拠となる文中の表記
(1)　滞納を解消して現在の家で暮らす。	・滞納家賃の返済計画を立て，大屋と交渉する。 ・利用可能な各種給付制度の利用手続きをする。		
(2)　父親が仕事に就く。	・就労支援相談員の同行を得て，ハローワークで求職活動をする。 ・体調の管理をする。		
(3)　兄が家以外に居場所を見つける。	・生活リズムの確立，体力の向上，健康管理，コミュニケーション力の向上，PC スキルの習得，社会人マナーの習得等で，週2回センターを利用する。 ・ボランティア体験，就労体験を積み，中間的就労に移行する。		

177

6　エバリュエーション

　エバリュエーションの段階では，第5節のモニタリングを踏まえ，支援実施の評価を行い，支援の方針と計画の見直しを行う。

　浅田ワーカーは，モニタリングの内容を検討した結果，当初設定した計画が必ずしもうまく展開できていないと考えた。したがって，状況がよりさらに逼迫してくる前に，計画の見直しをも想定したエバリュエーションの実施が必要であると思うようになった。そこで本ケースに関わる支援者（浅田ワーカー・中川ワーカー・下山ワーカー）と，当事者である真菜の4者を招集し，エバリュエーションのための会議を開くことにした。

　ただし浅田ワーカーはこのまま，ただ会議を開催しても，本ケースの窮状を打破できないと考え，多坂家が抱える根本的な問題は何かについて，改めて考え直してみた。浅田ワーカーは，先にアセスメントの所で検討を行った「生活保護」について，再度考えてみることにした。現在の所，多坂家は，生活保護基準をわずかに上回るレベルで生活している。また，父親の失業保険が間もなく（12月）切れてしまうことから，至急，生活保護を申請する必要がある。しかしながら，このまま真菜が同居している状態で生活保護を申請した場合，彼女が学校を卒業し，就職して経済的に自立できる状況になったとしても，結局の所，彼女がこの家を経済的に支えていかなければならない。そこで，浅田ワーカーは，以下のような見通しを立てた。

　　「父親（修治），兄（翔），祖母（道子）はそれぞれ課題を抱えているが，真菜は自
　　立した生活を送ることが可能である。にもかかわらずこのままでは，真菜は家族
　　の犠牲になって，本人の将来も閉ざされてしまう。このまま『生活保護』を申請
　　するわけにはいかない。」

　浅田ワーカーは悩みながら，さらに考えてはみたものの，良い案が浮かんでこなかった。そこで，南北区福祉事務所の生活保護担当者に，電話で相談することにした。その結果，「世帯分離」してはどうかという案が浮上してきた。

第4章　事例でみるワンストップ型ソーシャルワークプロセス

ワーク19：「生活保護」と「世帯分離」について，グループごとに調べてみよう。

・生活保護
・世帯分離

ワーク20：（ロールプレイと計画の見直し）「エバリュエーション」の段階であることを意識した担当者の会議の実際を，ロールプレイで体験してみよう。

　その際には，グループごとにそれぞれ以下のように役柄を決め，会議の様子を再現したロールプレイの台本を書いてみよう。ただしロールプレイの本番では，なるべく台本を見ずに，即興（アドリブ）で演じてみること。なお，その際にナレーターは，各場面の状況説明を行うこととする。また監督は，自分たちのロールプレイを観客の立場から見た場合，効果的なものになっているか見極め，各メンバーに対してその都度適切な指導をしよう。

　さらに，その内容を踏まえ，再度計画を立て直してみよう。その際には，「生活保護」と「世帯分離」の2つを含めよう。

　最後にグループごとに，配布された「模造紙」に見直し後の計画を明記する。なおその際には工夫して，他のグループにわかるように記述しよう。最後にナレーターが，他のグループに向けて見直した計画の内容をプレゼンテーションする。

　・**配役/キャスティング例**
　①　浅田ワーカー（南北区生活困窮者相談窓口）
　②　中川ワーカー（南北区社会福祉協議会）
　③　下山ワーカー（NPO法人南北就労準備センター）
　④　真　　菜
　⑤　監督（演出）兼ナレーター

また計画を見直す際には，以下の点について事前に検討しよう。

① 利用者の現状や本人の意思を正確にとらえていたか。
② 就労支援では，学歴，職歴，技能に見合った目標を設定できたか。
③ 支援開始後，取り組みへの意欲を損なう環境変化が生じていないか。
④ 支援期間中，必要十分な介入ができていたか。
⑤ 取り組みへの意欲が持続できるような支援ができたか。
⑥ 決定した支援方針，支援計画の内容は利用者の能力に合っていたか。

ワーク21：これまでの取り組みを踏まえ，計画の内容を見直してみよう。

目　　　標	取り組み	支援機関	期　　間

第4章　事例でみるワンストップ型ソーシャルワークプロセス

7　ターミネーション

　浅田ワーカーは，前回行った多坂家に関わる担当者会議の後，課題を整理し，当初の支援目標に対する振り返りを行った。それによって，当初の目標が達成されたことで，最初の担当窓口としては一つの区切りを迎えることを確認した。真菜からの相談がきっかけで，浅田ワーカーが相談援助の中心となって，約2カ月間関わってきた。その間の主な相談者は真菜であった。今後は，この家族が抱えている複数の課題に対して，それぞれ専門としている機関からの支援の輪が広がり，全体の包括者としては，生活保護の担当ワーカーが中心的な役割を担うことになることが想定される。

　12月半ばの今日は，浅田ワーカーは真菜と市役所で面談をしている。後日，自宅を訪問して，新しい方向を伝えることを考えている。以下は，真菜と浅田の面談内容である。

　浅田　「こんにちは，真菜さんの家族のこれからについて，お話したいと思います。」

　真菜　「はい，お願いします。」

　浅田　「先日，南北区社会福祉協議会の福祉資金担当の方と，NPO法人南北就労準備センターの職員と話し合いをしました。真菜さんも会ったことがある人です。」

　真菜　「はい。でも，何をしている人なのかは，よくわかっていないです。」

　浅田　「そうですよね。簡単に整理しましょう。まず，真菜さんが一番はじめに心配していた家賃のことですが，これは『生活福祉資金』という制度があって，総合支援金における『一時生活再建費』を使うことができるそうです。滞納している分は，これで何とかすることができます。今度，その申請書の書き方をお父さんに説明したいと思います。でも，それは，あくまでも一時のお金なので，ずっともらえる訳ではありません。やはり，お父さんが仕事に戻れるように，ゆっくり時間をかけましょう。」

　真菜　「そうですよね……。祖母がいつも『仕事もしないでどうしようもない！』って愚痴を言っています。でも，言ったこともすぐ忘れちゃうから，父がもっとイライラして……。」

　浅田　「それはお互いに辛いですね。お祖母さんのことも考える必要がありますね。今はまず，第1にお父さんの仕事のことを考えましょう。先月で失業手当が切れてし

181

まいましたよね。」

　真菜　「はい，それで，またガッカリしていました……。」

　浅田　「そうでしょうね。でも，心配しなくても大丈夫です。仕事探しに関しては
これまで通り，区役所の就労支援相談員とハローワークの方が相談に乗ります。そし
て，生活費のことは，南北区の福祉事務所の方が担当してくれるはずです。大事なこ
となので，また日を改めてゆっくりお話ししたいと伝言を預かっています。」

　真菜　「わかりました。」

　浅田　「誰もが，生活に困った時に助けてもらえるためにあるのが『生活保護』と
いう制度です。これも，お父さんが申請書を書いたりする手続きが必要なので，お父
さんに担当者と話してほしいのです。」

　真菜　「わかりました。」

　浅田　「今後も，お父さんへはハローワークの担当者が，お兄さんへは，NPO法人
南北就労準備センターの担当者が相談を続けます。」

　真菜　「はい，お願いします。でも，祖母のことも気になっているのです。腰が痛
いと言って，最近は家事をするのも辛いみたいで。親しくしていた近所の方が亡く
なってからは，出かけることも少なくなってしまって。」

　浅田　「そうですね。お祖母さんのことは，地域包括支援センターに真菜さんから
電話するという方法もあります。ここに連絡先が書いてありますので，もし良かった
らお電話してみて下さい。」

　真菜　「はい，祖母とも話して，考えてみます。」

　浅田　「お兄さんは，最近どうされていますか？」

　真菜　「ええ，相変わらずです。紹介して下さった就労準備センターには家族で説
得して，何とか行ってくれたのですが，続かなくて…。時々，短期のバイトに行って
は，すぐに辞めてしまうみたいです。まだ父ともほとんど話さないし…。何をどうし
たらいいのか，わからなくて。」

　浅田　「そうですか。心配でしょうが，時間をかけて見守っていけるように，私か
らも就労準備センターの方に伝えておきますね。」

　真菜　「はい，お願いします。」

　浅田　「今までは，私が真菜さんのお話を聞いて，色々な所に電話したりしてきた
けれど，今度からは区役所の福祉事務所のケースワーカーが主な担当になります。私
からこれまでの状況を伝えておきますね。もし，今日お時間があれば，ご紹介します。
　私はここで仕事を続けているから，いつでも話をしに来て下さいね。引き続き，私
も，多坂家の皆さんのことを考えていきますね。必要なときはまた関わりたいと思っ
ています。」

第4章　事例でみるワンストップ型ソーシャルワークプロセス

真菜　「はい，今までありがとうございました。」

浅田　「こちらこそ，ありがとうございました。」

真菜　「わからないことを教えて下さったり，不安な気持ちを聞いてもらったりして，とても嬉しかったです。」

浅田　「それは，私も嬉しいです。」

ワーク22：今回の面接で，この相談援助関係は一つの区切りを迎えることになった。この時点で，当初の目標からできたこととできなかったこと，解決した課題と未解決のものは何かを考えてみよう。

	当初の困難状況	どこまで解決できたのか	どのような課題が残っているのか	今後その課題を担当する機関
真菜				
修治（父親）				
道子（祖母）				
翔（兄）				

183

8 エピローグ

　3月下旬，専門学校の卒業式の日，袴姿の真菜が父親と祖母と一緒に区役所の浅田ワーカーを訪れた。卒業証書と花束を手に，明るい笑顔を見せている。傍らの父親の修治と祖母の道子も，これまで見せたことのない，嬉しそうな，照れくさそうな表情である。

　真菜は保育士の資格をとり，4月から隣の県の障害者施設に就職することになった。職場の近くにアパートを借りて，一人暮らしをする。

　祖母の道子は，1人で家事をするには身体が辛くなりつつある。それでも，地域包括支援センターの相談員から紹介された地域の健康体操に行くようになり，以前よりも生活に張り合いがでてきたという。

　父親の修治は，就職活動を続けている。近頃では，伝統工芸職人が不足しているため，長年旋盤工として手先を使う仕事をしていた修治に，刃物鍛冶の見習いをしないかと声がかかったそうだ。修治は，ゆっくり考えて決めたいと話している。

　兄の翔は，まだ規則正しい生活にはなりきれていない。就労準備センターには，好きなプログラムがある時だけ選んで行っているそうである。

　仲良く並んで帰って行く3人の後ろ姿を，手を振りながら浅田ワーカーが見送る区役所の入口には，桜の花が咲きはじめて，真菜の門出を祝っているようであった。

参考文献
岡部卓編著『生活困窮者自立支援ハンドブック』中央法規出版，2015年。

第 4 章　事例でみるワンストップ型ソーシャルワークプロセス

9　人物紹介──第 4 章事例（多坂家）の登場人物

多坂家　祖　父：修　吾（50年近く前に事故で死亡）

　　　　祖　母：道　子（79歳，金物商を営むが現在は閉店している）

　　　　父　：修　治（54歳，元・旋盤工，現在無職，抑うつ状態）

　　　　母　：美代子（12年前に死亡）

　　　　兄　：　翔（23歳，郵便局，荷物分類などのアルバイトを時々行うが，現在無職で昼夜逆転の生活をしており，時折コンビニに出かける以外は自室にこもっている）

　　　　本　人：真　菜（20歳，保育士の専門学校 2 年生）

（1）祖母：道子（79歳）

　79歳の祖母道子は，田舎で農業を営む両親の長女として生まれた。3 歳年の離れた弟がいる。厳格な両親の下，小学校・中学校を終え，高等学校へ進学した。成績もよく勉学が好きでもあったので，将来は教員になりたいと考え，進学したい希望もあったが，経済的に叶わず，両親のもとで農業を手伝うこととなった。

　21歳の時に，近隣の住民からの紹介を受けてお見合いをした。紹介されたのは地元で家族ぐるみで商店を営んでいる 5 歳年上の修吾であった。両親の勧めもあり結婚した。23歳で長男を，25歳で次男の修治を出産している。2 人の男児を授かり，修吾やその両親とともに円満に暮らしており，商店も安定した収入が得られていたが，自宅と兼用の商店が落雷により全焼してしまった。この火災で，自宅兼商店とともに祖父の両親も亡くすこととなった。

　その後，祖父修吾は上京する決心をし，新たに金物商店を営んだ。下町での商店の開店は，最初はなかなか軌道には乗らなかった。しかし，祖父の真面目な人柄が信用され，徐々に店も繁盛し，何とか家族 4 人で生活をしていくことができるように見通しが立ったと安心した矢先に，祖父は交通事故であっけなく亡くなった。

　生来明るい性格の祖母は，悲しむ間もなく幼い 2 人の子どもを養うために，必死で商店を 1 人で切り盛りすることとなった。その甲斐あって，親子 3 人は豊かとはいえないが何とか暮らしていけ，子どもを無事に高校まで進学させられたことが祖母の唯一の誇りであった。息子が一人前に就職し，家庭をもつことを心の励みとして暮らしてきた。高校卒業後に長男が行方不明になってしまい，しばらくは気落ちして寝込ん

185

でしまうほどの時期もあったが，次男である修治が支えとなって，苦しい時期を乗り切ってきた。

　修治が工業高校を出て近隣の工場で働いて無事に結婚して孫ができ，心から喜んだ。

　12年前に息子の妻が子宮がんで亡くなった時には，まだ孫も小さく，幼い孫に不自由をかけないように母親代わりとなって世話をした。一生懸命家事をこなし，孫たちが成人した頃から少しずつ，老化に伴う日常の動作が緩慢になり，小さい段差でつまずいたりすることが増えてきた。これまで大きな病気を患ったことはなかったが，腰や首の痛みを訴え，近所の診療所に通院することも増えた。

　さらに，近隣に大きなスーパーマーケットができ，徐々にお客も減っていった。近隣の人たちにも長年の知り合いが多い下町の地域であったが，再開発が進み，大規模マンションや商業施設が次々建設され，これまでの知り合いがどんどん引っ越していってしまい，近隣は見知らぬ若い世代の人々が増えていったので寂しい気持ちを募らせ，その上，体調が芳しくない日々が続き，すっかり出歩くことは減っている。道子は，自分の体調不良や家族のことが不安であった。

（2）父：修治（54歳）

　下町と言われる地域で金物商を営む両親の長男として生まれる。現在の住所は，幼い頃に火事で焼け出されたため，祖父が心機一転上京して借りた自宅兼商店だと聞いている。祖父が亡くなってからは祖母の道子が商店を切り盛りして苦労して育ててくれた。現在の住所は自分の名義で借りている。人情豊かな下町で気に入っていたが，大規模マンションが建設され，見知らぬ若い世代が多く見受けられるようになり，違和感を感じるようになった。

　工業高校卒業後，祖母からは大学進学を勧められるが，祖母の苦労を見ているだけに早く社会にでて一人前に働きたいと考え，近隣の中小企業の旋盤工として就職する。もともと無口な性格で，気弱なところがあり，交渉事や仕事上でのストレスがあっても友人に話すことはなく自分一人で抱え込む性格であった。そんな暮らしをしている頃，仕事でつきあいのある会社の事務員をしていた妻と知り合い，周囲の勧めもあって結婚し，1男1女をもうけた。

　ちょうど経済も上り坂にある時期で，真面目に仕事をしていると給料が上がり，思えばこの頃が一番幸せな時期であった。妻が40歳に手が届く歳の頃，子宮がんを患って幼い2人の子どもを残して亡くなった。当時は，商売を切り盛りしていた祖母が母親代わりとなって子どもの世話をしてくれ，何とか家族みんなで力を合わせて乗り越えてきた。

　妻を失ったことは，ショックでさびしくもあったが，本人の性格から家族とともに

悲しんだりすることはなく，ますます人づきあいが悪くなり，1人で自室にいること
が多くなった。色々将来のことを考えるうちに夜眠れなくなり，ストレスのせいだろ
うと考えていたが，誰と話す気もなくなり，眠ったと思ったら，夜間に目が覚めてそ
れから眠れない時間が続き，そんな自分をふがいなく思い，自分を責める日々が続い
た。重い体をひきずってようやく仕事に行っていたが，食欲も落ち体重が減少してい
ることを心配した祖母と真菜から受診を勧められ，抑うつ状態であるとの診断を受け
た。

　1年前，経済不況から長年勤務してきた会社が倒産し，中小企業のため退職金ももら
えず，無職になった。その後，再就職をしようとハローワークに通おうと思うもの
の，体が重くてとても自分が新しい仕事を見つけられるようには思えなかった。医者
からは，しばらく休んでから徐々に仕事を増やしていくのが良いであろうとの助言を
もらっているが，今後のことを考えるとますます不安が募るばかりであり，誰に相談
してよいかもわからず途方にくれている。借家の家賃もかなり溜っているので，長年
住み続けた家を出なければいけない状況になるかもしれない。大家さんとは長年の付
き合いでもあるし，今しばらく家賃の支払いを待ってもらえるように今度お願いに行
こうと思っている。失業保険ももうすぐ切れてしまうし，年金が出るまでまだ間があ
るし貯金も底をついた。不安でたまらない。息子のことも心配であるが，もう諦めて
いる。娘の学費も満足に払ってやれない自分をふがいなく思い，生きていく気力も失
せている毎日である。

（3）本人：真菜（20歳）

　真菜は，優しい母と働き者の父の家庭に生まれ，のびのびと育った。しかし，母が
亡くなってからは経済的不安が一気に押し寄せてきた。希望通り保育士になりたくて
専門学校に入り奨学金を得て，現在2年生である。父親の仕事がなくなったため，自
分の学費は自分で払おうとアルバイトを目一杯いれている。

　友達から時給の良いアルバイトの情報をもらい，居酒屋の夜のアルバイトと日中の
パン屋のアルバイトを兼務している。父は，以前は働き者だったが，ふさぎ込むこと
が多く，一時体調が悪いだけかと思っていたが，あまりにもふさぎ込む時間が長いの
で心配になり，祖母とも相談して無理やり病院に連れていった所，抑うつ状態との診
断を受けた。

　そのため，父宛てに家賃の督促状が来ていて驚いたが，父親に相談して解決できな
いと思い，自分で何とかしないといけないと焦っている。家賃を支払わないと借家を
出ていかなければならない状況らしい。自分のアルバイトだけではとても足りる額で
はなく，心配で学校の授業も気が気でないため専念できない状況である。そんな様子

を心配して，担任の教員が声をかけてきてくれた。

（4）兄：翔（23歳）

　真菜には，3歳上の兄の翔がおり，小さい頃は真菜の面倒をよくみてくれたやさしい兄である。翔は，高校を休み休みながらもようやく卒業したものの，進学することも就職することもなく，自宅に引きこもった状態にある。中学の時に酷いいじめを受けたこともあって不登校になり，高校も通信教育を主体としたサポート校に通っていた。高校時代の成績は中で，卒業したものの，もともと他者とうまくコミュニケーションをとることが苦手で，中学校時代は学校では一言も話さないこともあった。中学校や高校の担任からは，発達上の配慮が必要であるかもしれないから，一度受診したらどうかと何度も勧められたが，当時存命であった祖父が，「自分の家から障害者を出してはならない」という考えであり，父の修治もその考えを引き継いだため，受診する機会を失ったまま，今日に至っている。

　翔の生活のリズムは，完全に昼夜逆転であり，夕方に起きだして，近くのコンビニに食べ物等を買い出しに行った後は，自室にこもりきりでオンラインゲームに没頭している。朝方までゲームに興じた後は，明け方に眠りにつくという暮らしである。自分の小遣いが無くなると，郵便局などの荷物の分類などの短期間のアルバイトをしているが，長続きはせず，2〜3カ月ごとにアルバイト先が変わっている。

（5）南北区生活困窮者相談窓口ソーシャルワーカー：浅田さおり（29歳）

　福祉系大学を卒業後，区役所に入職。現在7年目の中堅ワーカーである。社会福祉士とケアマネジャーの資格をもっている。明るくまじめな性格で，学生時代からボランティアをしていた。

　家庭的には，4歳上の姉がダウン症で，心疾患のため16歳で亡くなった。姉のことで相談に乗ってくれていた区のソーシャルワーカーに憧れ，自分も社会福祉士を目指すようになった。

第4章　事例でみるワンストップ型ソーシャルワークプロセス

10 ワークシート解答例

　ここではワークシートの解答例を各々1つ示す。解答例以外の解答も，必ず考えよう。

ワーク1：真菜が言った言葉（下線①）には，さまざまな不安な気持ちがあると考えられる。どのような不安なのか考えてみよう。そして，その不安に対して，どのように対応すれば良いのか考えてみよう。

真菜の不安	不安への対応方法
・困っている状況をはたして解決できるのだろうか。	・相談できる内容について情報提供する。
・相談の内容そのものの不安である。家賃が支払えないままだとどうなってしまうのだろうという不安。問題を抱えている状況自体が不安である。	・あたたかい落ち着いた表情で，個室に通した。
・家の問題を他人に話すことに対しての不安である。家族だけではどうしようもなくなったことを認め，それを他者がどのように受け止めるかの不安。	・批判したり，審判的な態度をとらない。
・自分の問題が，近所や学校などで自分の知らない間に知られたりはしないだろうかという不安。	・個人の情報は保護され，本人の許可がないと他の者に伝えないことを伝える。
・自分の気持ちや問題を初めての人にあからさまに打ち明けても大丈夫だろうかという不安。	・安心して感情や困りごとを相談できる態度，表情，環境を整える。

ワーク2：浅田ワーカーが言った言葉（下線②）は，面接技術のどのような手法に基づくものなのか考えてみよう。

・相手の言ったことを繰り返し，聴いていることを伝え，問題を明確化する。

189

ワーク3:「一緒に考えていく」「よろしくお願いします」というやりとり(下線③)には,どのような意味があるだろうか?

- 相談が受理され,相談者と相談援助の間の契約が口頭で成立したことになる。

ワーク4:主訴は何だろうか。まとめてみよう。

現在住んでいる自宅の家賃が滞っているので,このままだと自宅に住み続けることができない心配がある。父親は現在病気で通院中であり,失業しているため先の見通しがまったく立たない。

ワーク5:インテーク面接を読んで,重要な点をまとめてみよう。

- 相手を安心させ,傾聴する態度をとる(表情,態度等)
- 相談窓口でできる内容を伝え,ワーカーが自己紹介する。
- 静かに話せる環境を整える。
- 個人の情報は保護されることを伝える。
- 緊急度の検討
- 相談を受理し継続することの確認をする。

ワーク6:多坂家のエコマップを描いてみよう。

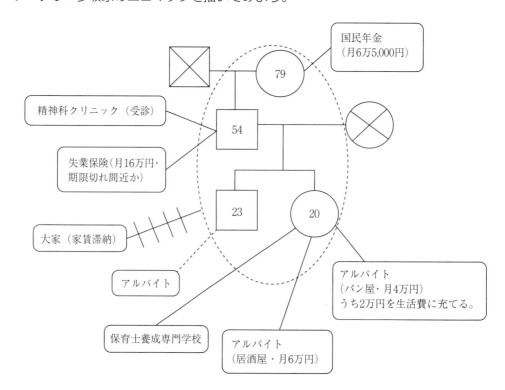

第4章　事例でみるワンストップ型ソーシャルワークプロセス

ワーク7：多坂家の情報を，バイオ・サイコ・ソーシャル（45頁参照）に分けて整理してみよう。

バイオ	・祖母（道子）は，高齢のため体調が悪く出歩くことができない。 ・父（修治）は，1年前の会社倒産以降，精神科クリニックで抑うつ状態の診察を受けており通院している。 ・兄（翔）は，郵便局などの荷物の分類などを行える健康状態である。 ・真菜は，2つのアルバイトを掛けもちして保育士専門学校に通える健康状態である。
サイコ	・祖母（道子）は，自分の体調不良や家族のことを不安に思っている。 ・父（修治）は，今後のことを考えるとますます不安が募り，途方にくれている。経済的なことが不安でたまらない。息子のことも心配であるが，もう諦めている。 ・兄（翔）は，他者とのコミュニケーションが苦手で，アルバイトも長続きせず，自室に引きこもる生活をしている。 ・真菜は，経済的なことが心配で学校の授業に専念できない状態である。
ソーシャル	・祖母（道子）は，これまでいた近隣の知り合いが次々に引っ越し，自分も外出できない状態のため，社会的な付き合いはほとんどない。 ・父（修治）は，抑うつ状態で自宅療養中であり，新しい仕事を見つける機会がない。失業保険もあと2カ月で切れてしまう。家賃を滞納している。 ・兄（翔）は，他者との関わりを持たず引きこもり生活を送っている。 ・真菜は，2カ所でアルバイト行っている。専門学校の担任の教員は事情を理解してくれている。

ワーク8：多坂家のストレングス（長所・強み）をできるだけ多く挙げてみよう。

・問題解決に前向きな真菜。それを支える祖母。
・理解のある専門学校教員。
・サポート次第では，収入を稼ぐ一翼を担える兄。
・現状に対して危機意識をもっている父。
・滞納しているとはいえ住む家があること，等

ワーク9：多坂家の抱えている課題を分析し，ニーズを明らかにしよう。

　多坂家の緊急かつ重大な課題は，経済的安定である。父の失業に伴い一家の収入が激減し，現在の所，祖母の国民年金，父の失業保険，真菜のアルバイト代からの収入で賄っている。しかし，失業保険があと2カ月で切れること，家賃を滞納していることから，遠くない将来，生活困難に陥ることが予測される。次に，収入を稼ぐ一翼を担える可能性を持つ兄に対するサポートが以前から行われてこなかったことも課題である。兄には何らかの発達障害がある可能性がうかがえるが，しかるべき機関に結びついていない。この点について改善することにより，多坂家の状況を

191

変化させることが可能となる。
　以上のことから，現在の多坂家にとっては，早急に安定した収入を確保することと兄へのサポートが求められると考える。

ワーク10：この3つの課題をそれぞれ短期目標に変えてみよう。

課題A「父親が仕事に就いていない」

― 短期目標A ―
父親が仕事に就く

課題B「兄がひきこもりがちである」

― 短期目標B ―
兄が家以外に居場所を見つける

課題C「家賃滞納で立ち退きを迫られている」

― 短期目標C ―
滞納を解消して現在の家で暮らす

ワーク11：その3つの短期目標について，取り組む優先順位を決めよう。また，そう判断した理由（根拠）も説明してみよう。

短期目標A―（2）番
短期目標B―（3）番
短期目標C―（1）番

― 理　由 ―
ニーズの必要度，緊急度から，まず家賃滞納の課題に取り組むことが優先される。
また，目標の実現性について検討した場合，家賃の課題は比較的短期間で解決可能だが，兄の課題は長期的な支援が必要になると考えられる。

第 4 章　事例でみるワンストップ型ソーシャルワークプロセス

ワーク12：もしあなたなら多坂家の課題をどう解決するだろうか。3つの短期目標に即して，それぞれ具体的な解決策を考えてみよう。

長期目標	経済的に安定して，家族で安心して暮らす
短期目標	解　決　策
(1)　滞納を解消して現在の家で暮らす	・家賃を少しずつ返済することで，立ち退かないで済むよう大家に交渉する。 ・浅田ワーカーから利用可能な福祉制度を教えてもらって，その手続きをする。等
(2)　父親が仕事に就く	・ハローワークに行って求職活動をする。 ・ハローワーク以外で，相談できる機関を探す。 ・精神科クリニックへの通院を続けて，就職に向けて体調を整える。等
(3)　兄が家以外に居場所を見つける	・まず浅田ワーカーとの関係性をつくる。 ・生活のリズムを整える。 ・長期で働けるアルバイトを探す。 ・医療機関や福祉機関に行って相談する。等

ワーク13：浅田ワーカーの提案とは，どのようなものだろうか。具体的に考えて，いくつか挙げてみよう。

- 浅田ワーカーが，多坂家を訪問して，修治と面接をする。
- 浅田ワーカーが，区役所以外で修治にとって気軽に相談に寄れる場所での面接を設定する。
- 浅田ワーカーが，真菜を介しての間接的な"面接"を繰り返すことによって修治に直接会って面接できるようにする。等

ワーク14：支援調整会議において確認すべき事柄を書き出してみよう。

- 多坂家に関する事実の確認
- 事実を基にした，多坂家の問題とその背景の確認
- 問題に対する多坂家（またそれぞれの家族員）の意向
- 問題に対する支援の方針（支援計画の内容）
- 支援計画に関する関係者の役割
- モニタリングの時期

ワーク15：上記の内容から，中川ワーカーが多坂家に対して用いている実践アプローチを下の中から選んでみよう。また，そう考える理由（根拠）を記入しよう。

> 問題解決アプローチ，ナラティブ・アプローチ，行動変容アプローチ
> 機能的アプローチ，課題中心アプローチ，危機介入アプローチ

選んだアプローチ

> 機能的アプローチ

─ 理　由 ─

クライエント（クライエントシステム）の潜在的能力，つまり多坂家の家計管理（金銭管理）能力，特に真菜や道子の肯定的な能力に対して，家計表等の作成，貸付の斡旋等，中川ワーカーが提供するサービスプログラム（機能）を多坂家にマッチングさせることで，不全状態であった能力を機能的となるよう支援していこうと考えられるため。

ワーク16：上記の内容から，浅田ワーカーが父親の修治に対して用いている実践アプローチを下の中から選んでみよう。また，そう考える理由（根拠）を記入してみよう。

> 問題解決アプローチ，ナラティブ・アプローチ，行動変容アプローチ
> 機能的アプローチ，課題中心アプローチ，危機介入アプローチ

選んだアプローチ

> 課題中心アプローチ

─ 理　由 ─

クライエントである修治に対して，「就労」という目標の達成に向けて，本人が自覚している具体的な課題を確認の上，目標達成につながる，より具体的な事柄をスモールステップとして設定，取り組みを確認（契約）した上で，その取り組みを通じて自己（クライエント）のエンパワメントを図ろうとしていることがうかがえるため。

ワーク17：下山ワーカーは，兄の翔への支援を考えるにあたり，システム的アプローチ（家族療法）を用いようと考えている。支援の実施にあたり，現状での家族アセスメントとしての多坂家のファミリーマップを作成してみよう。

第4章　事例でみるワンストップ型ソーシャルワークプロセス

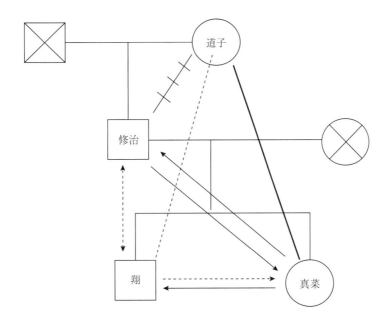

ワーク18：グループごとに模造紙に，短期目標の取り組みがそれぞれ計画通りに実施されているか記述し（○△×で表記），その根拠となる表記を，本章第4節のインターベンションの文中から抜き出して書いてみよう。

短期目標	取り組み	○△×	根拠となる文中の表記
(1) 滞納を解消して現在の家で暮らす。	・滞納家賃の返済計画を立て，大家と交渉する。 ・利用可能な各種給付制度の利用手続きをする。	○	・中川ワーカーは，支援の実施にあたり，まずは家計の状況を明らかにし，家計再生の計画及び家計に関する個別プランを作成していくことを提案した。 ・すでに滞納がかさんでいる家賃については，生活福祉資金の総合支援金における一時生活再建費が使用可能であることを伝え，その実施を同時に計画していくことで家族からの了解が得られた。
(2) 父親が仕事に就く。	・就労支援相談員の同行を得て，ハローワークで求職活動をする。	△	・浅田ワーカーは，電話にて今後の定期的な修治との面談を約束する。この面談は，自立相談支援事業として改めて修治の今後の就労，及び体調管

195

	・体調の管理をする。		理に向けた支援を実施するものであり，定期的，しかし本人の負担を考え家計相談の時なども活用しながらの面談の実施を提案している。 ・浅田ワーカーは，話をしている際の修治の様子を見て，これまで同様にあまり多くを語らない様子は変わらないものの（また，そう簡単に変わるものではないという理解の上に），当初の暗く，うつむいた姿勢から，多少ではあるが前を向いている点を確認し，きっと課題に取り組んでくれるであろうと確信していた。
(3) 兄が家以外に居場所を見つける。	・生活リズムの確立，体力の向上，健康管理，コミュニケーション力の向上，PC スキルの習得，社会人マナーの習得等で，週2回センターを利用する。 ・ボランティア体験，就労体験を積み，中間的就労に移行する。	×	・真菜によると，翔は家族員ともほとんど接点をもたず，家族が置かれている経済的な問題についてもまったく無頓着の様子であるとのこと。 ・翔本人の今後の生活に向けた希望について，妹として確固たることは言えないものの，生活状況や本人の態度から，今の状況を改善し，家族が望むような生活へ移行する意志と思いは見受けられないとの評価であった。 ・下山ワーカーは，真菜の話を聞き改めて翔への長期的な関わりの必要性について再認識した。その上で，浅田ワーカー，また真菜と今後についてまずは翔との接点を作ることの必要性について共有した。

ワーク19：「生活保護」と「世帯分離」について，グループごとに調べてみよう。

・生活保護

　生活保護とは，生活に困窮する人に対し，その困窮の程度に応じて必要な保護を行い，健康で文化的な最低限度の生活を保障するとともに，自立を助長することを目的とする制度のこと。世帯単位で行い，世帯員全員が，その利用し得る資産，能力その他あらゆるものを，その最低限度の生活の維持のために活用することが前提となる。

　また親族等から援助を受けることができる場合は，生活保護よりそちらを優先することが求められる。その上で，世帯の収入と厚生労働大臣の定める基準で計算される最低生活費を比較して，収入が最低生活費に満たない場合に，この制度が適用される。

・世帯分離

　生活保護は，世帯単位で行われることが前提となっている。世帯の収入と厚生労働大臣の定める基準で計算される最低生活費を比較して，収入が最低生活費に満たない場合に適用されるが，世帯構成員の1人に収入がある場合，たとえば子に一定の収入があるとき，その収入すべてが世帯の生計に組み込まれてしまうことになる。それによって，この世帯が生活保護の対象にならなくなってしまう，ということが想定される。

　このような時，子どもは，自身が将来独立するための資金を貯めることができず，また，自らの学習のための資金にも事欠くようになることが危惧される。このような際に，世帯分離の手続きをとることによって，子どもとその他の世帯構成員がそれぞれ別の生計にあるとみなし，その他の世帯構成員を生活保護の対象にしていくことを可能にするのである。

ワーク20：（ロールプレイと計画の見直し）「エバリュエーション」の段階であることを意識した担当者の会議の実際を，ロールプレイで体験してみよう。

　ロールプレイについては，ある程度おおまかなストーリーの筋（プロット）を書いた台本を作成しても，実際に演ずる時は，台本を見ずに即興（アドリブ）で行うことに留意する。したがってロールプレイを行うメンバーは，この事例内容を冒頭から，改めてじっくりと読み込む必要がある。

　そして自分が担当する役（浅田ワーカー，中川ワーカー，下山ワーカー，真菜）がそれぞれ，現段階でどのような「気持ち」でいるのかを中心に，それぞれ，じっくりと役作りを行う。この作業がしっかりとできていれば，仮に即興で演じることになったとしても，自然とセリフが自分の中から湧き出てくるだろう。以下，それぞれの役柄のポイントをまとめておく。

浅田ワーカー：浅田ワーカーは，この事例におけるメインの支援者であり，したがってこの一家の行く末について最も深く考え，さらに期待をしていると考えられる。一方で期待が先行するあまり，見通しが甘くなっている可能性がある。この点に留意して演じる必要がある。

中川ワーカー：中川ワーカーは「多坂家の人々の潜在可能性を信じ，最終的にはこれまで不十分であったと考えられる家計の適切な管理について，真菜や道子を中心として家族員で意識して管理できるようになることを期待し援助を進めていこうと考えていた」ことから，基本的にはこの一家の今後に期待をかけていると考えられるものの，一方でこれまで社会福祉協議会のワーカーとして，多くの同様のケースを担当してきた経験から，必ずしもすべてがうまくいくわけでないことも，よく知っている。

下山ワーカー：翔への関わりがメインの関心事になっていると考えられる。真菜の話を聞き，改めて翔への長期的な関わりの必要性について再認識しているので，下山ワーカー自身は必ずしも，この一家の今後を楽観視していないようである。

真　菜：これまで多くの人たちに支援を受け，なんとか期待に応えたいと思う一方で，一家の状況が決して楽観視できないことは，当事者の一人である本人が最もよく理解している。この「期待」と「不安」が織り混ざった複雑な心境について，うまく留意して演じる必要がある。

監督（演出）兼ナレーター：ロールプレイにおいて，これら4人の気持ちが複雑に揺れ動きつつも，「計画の見直し」を行いながら，何とか一家を立て直していこうとしている状況そのものを，うまく演出する。その際にはあくまで観客の立場から，ストーリー自体がわかりやすく進行しているか，常々考えながら作業を進めていってほしい。また可能であれば，メンバーの誰かのスマートフォンの動画録画機能を使うことによって，ロールプレイを行うメンバー全員で，自分たちのストーリー展開の様子をチェックしつつ，効果的なストーリーを作り上げていってほしい。

ワーク21：これまでの取り組みを踏まえ，計画の内容を見直してみよう。

目　標	取り組み	支援機関	期　間
(1) 真菜を世帯分離し，生活保護を受けられるようにする。	多坂家から真菜を世帯分離する。また真菜については，卒業後は就職し，自立した生活を営めるようにしていく。	南北区福祉事務所	3週間
(2) 父親の就労支援	すでに働くことを諦めている傾向が見られるので，時間をかけて，ねばり強く仕事に結びつけていく。	南北区生活困窮者相談窓口（自立相談支援事業）ハローワーク	6カ月
(3) 兄（翔）が自宅を出られるようにする。さらに就労に結びつけていく。	引き続き，まずは自宅外に出て，他者と付き合っていくことができるよう促していく。	NPO法人南北就労準備センター（就労準備支援事業）	1カ年

ワーク22：今回の面接で，この相談援助関係は一つの区切りを迎えることになった。この時点で，当初の目標からできたこととできなかったこと，解決した課題と未解決のものは何かを考えてみよう。

	当初の困難状況	どこまで解決できたのか	どのような課題が残っているのか	今後その課題を担当する機関
真菜	家賃の滞納と立ち退きの可能性を知り，父親の仕事も見つからない状況に不安を感じている	「生活福祉資金」制度のうち，「一時生活再建費」を利用して未払い分を支払い，今後も支払うことを約束して住み続ける	借りた資金の返済と，今後も確実に支払い続けること	・南北区社会福祉協議会 ・南北区福祉事務所
修治（父親）	父親（修治）が抑うつ状態で仕事を探す意欲が湧かないことと，失業手当が打ち切られた後の経済的な困難	生活保護を受給して，治療を続けながら，じっくりと仕事を探す	すぐに就職して，一家を支える状態ではない	・南北区福祉事務所 ・NPO法人南北区就労準備センター ・ハローワーク

道子 （祖母）	体が弱り外出もままならない上，近所の知り合いが減ってしまった	地域包括支援センターに相談することを勧められた	真菜が家を出た後，家事を担う必要があるが，身体的にきついと感じている	• 地域包括支援センター
翔 （兄）	昼夜逆転の引きこもり生活を送っている。他者とのコミュニケーションが苦手	不定期だが，就労支援センターに通い始めた	抱えている課題について，十分にアセスメントできていないため，生活を変化させるための介入がされていない	• NPO法人南北区就労準備センター

あとがき

　編者である「ソーシャルワーク演習研究会」（以下，SW演習研究会）は，一般社団法人日本社会福祉士養成校協会（現・一般社団法人日本ソーシャルワーク教育学校連盟）関東甲信越ブロックの教育部会の中の一組織であり，2012（平成24）年11月から開催されている。メンバーは，大学や専門学校で演習教育を担当している教員や実習生を受け入れている施設関係者である。そこでは，授業で使用する教材開発を中心に授業展開の困難性，実習指導関連の悩みなど，現場で抱えているさまざまな課題をもち寄って検討してきた。その成果が，今回出版される本書である。実際にさまざまな教員が授業の中で試行錯誤し，学生の反応を見ながら修正してきた課題をまとめ出版に至った。

　特に1事例を通してソーシャルワークのプロセスを理解する第4章は，6人の編集委員（北爪，庄司，田嶋，保正，前廣，元橋）が，何度も回を重ねて検討してきたものである。複合的な課題をもつ家族に対して，社会福祉士が総合的な視点をもって対応すべき現状を意識して事例を作り上げた。一つひとつの分野に対応するだけでなく，他分野に関わる支援をつなげ，かつ包括的に家族に関わっていくことが重要なのは，2015（平成27）年9月の「誰もが支え合う地域の構築に向けた福祉サービスの実現——新たな時代に対応した福祉の提供ビジョン」の中でも提言されている。また，翌年設立された「我が事・丸ごと」地域共生社会実現本部は，子どもから高齢者・障害者等が地域で暮らせる社会を創ることを目標とし，ワンストップサービスを視野に入れている。地域の相談支援を担うものとして，ソーシャルワークの専門性は社会福祉士だけに求められるものではなくなっていく流れもある。しかし複合的な課題を抱える人の支援や地域でのワンストップサービスに対して総合的な支援の技術と知識をもっている専門職としてソーシャルワーカーが求められており，その専門性を担っていくのは社会福祉士であると広くアピールする必要性を感じている。

　最後に，時間を調整しながら毎回編集会議を開催してきたメンバーとで執筆者の皆様に御礼を申し上げる。また，ミネルヴァ書房の音田潔氏に感謝を申し上げたい。

2017年11月

庄司妃佐

巻末資料

1．ソーシャルワーカーの倫理綱領

社会福祉専門職団体協議会代表者会議
2005年1月27日制定
日本ソーシャルワーカー連盟代表者会議
2020年6月2日改定

前　文

　われわれソーシャルワーカーは，すべての人が人間としての尊厳を有し，価値ある存在であり，平等であることを深く認識する。われわれは平和を擁護し，社会正義，人権，集団的責任，多様性尊重および全人的存在の原理に則り，人々がつながりを実感できる社会への変革と社会的包摂の実現をめざす専門職であり，多様な人々や組織と協働することを言明する。

　われわれは，社会システムおよび自然的・地理的環境と人々の生活が相互に関連していることに着目する。社会変動が環境破壊および人間疎外をもたらしている状況にあって，この専門職が社会にとって不可欠であることを自覚するとともに，ソーシャルワーカーの職責についての一般社会および市民の理解を深め，その啓発に努める。

　われわれは，われわれの加盟する国際ソーシャルワーカー連盟と国際ソーシャルワーク教育学校連盟が採択した，次の「ソーシャルワーク専門職のグローバル定義」（2014年7月）を，ソーシャルワーク実践の基盤となるものとして認識し，その実践の拠り所とする。

　〈ソーシャルワーク専門職のグローバル定義〉

　　ソーシャルワークは，社会変革と社会開発，社会的結束，および人々のエンパワメントと解放を促進する，実践に基づいた専門職であり学問である。社会正義，人権，集団的責任，および多様性尊重の諸原理は，ソーシャルワークの中核をなす。ソーシャルワークの理論，社会科学，人文学，および地域・民族固有の知を基盤として，ソーシャルワークは，生活課題に取り組みウェルビーイングを高めるよう，人々やさまざまな構造に働きかける。

　　この定義は，各国および世界の各地域で展開してもよい。(IFSW；2014.7)[(1)]

　われわれは，ソーシャルワークの知識，技術の専門性と倫理性の維持，向上が専門職の責務であることを認識し，本綱領を制定してこれを遵守することを誓約する。

原　理

I　（人間の尊厳）

　ソーシャルワーカーは，すべての人々を，出自，人種，民族，国籍，性別，性自認，性的指向，年齢，身体的精神的状況，宗教的文化的背景，社会的地位，経済状況などの違いにかかわらず，かけがえのない存在として尊重する。

II　（人権）

　ソーシャルワーカーは，すべての人々を生まれながらにして侵すことのできない権利を有する存在であることを認識し，いかなる理由によってもその権利の抑圧・侵害・略奪を容認しない。

III　（社会正義）

　ソーシャルワーカーは，差別，貧困，抑圧，排除，無関心，暴力，環境破壊などの無い，自由，平等，共生に基づく社会正義の実現をめざす。

IV　（集団的責任）

　ソーシャルワーカーは，集団の有する力と責任を認識し，人と環境の双方に働きかけて，互恵的な社会

巻末資料

の実現に貢献する。

Ⅴ（多様性の尊重）

　ソーシャルワーカーは，個人，家族，集団，地域社会に存在する多様性を認識し，それらを尊重する社会の実現をめざす。

Ⅵ（全人的存在）

　ソーシャルワーカーは，すべての人々を生物的，心理的，社会的，文化的，スピリチュアルな側面からなる全人的な存在として認識する。

倫理基準

Ⅰ．クライエントに対する倫理責任

1．（クライエントとの関係）

　ソーシャルワーカーは，クライエントとの専門的援助関係を最も大切にし，それを自己の利益のために利用しない。

2．（クライエントの利益の最優先）

　ソーシャルワーカーは，業務の遂行に際して，クライエントの利益を最優先に考える。

3．（受　　容）

　ソーシャルワーカーは，自らの先入観や偏見を排し，クライエントをあるがままに受容する。

4．（説明責任）

　ソーシャルワーカーは，クライエントに必要な情報を適切な方法・わかりやすい表現を用いて提供する。

5．（クライエントの自己決定の尊重）

　ソーシャルワーカーは，クライエントの自己決定を尊重し，クライエントがその権利を十分に理解し，活用できるようにする。また，ソーシャルワーカーは，クライエントの自己決定が本人の生命や健康を大きく損ねる場合や，他者の権利を脅かすような場合は，人と環境の相互作用の視点からクライエントとそこに関係する人々相互のウェルビーイングの調和を図ることに努める。

6．（参加の促進）

　ソーシャルワーカーは，クライエントが自らの人生に影響を及ぼす決定や行動のすべての局面において，完全な関与と参加を促進する。

7．（クライエントの意思決定への対応）

　ソーシャルワーカーは，意思決定が困難なクライエントに対して，常に最善の方法を用いて利益と権利を擁護する。

8．（プライバシーの尊重と秘密の保持）

　ソーシャルワーカーは，クライエントのプライバシーを尊重し秘密を保持する。

9．（記録の開示）

　ソーシャルワーカーは，クライエントから記録の開示の要求があった場合，非開示とすべき正当な事由がない限り，クライエントに記録を開示する。

10．（差別や虐待の禁止）

　ソーシャルワーカーは，クライエントに対していかなる差別・虐待もしない。

11．（権利擁護）

　ソーシャルワーカーは，クライエントの権利を擁護し，その権利の行使を促進する。

12．（情報処理技術の適切な使用）

　ソーシャルワーカーは，情報処理技術の利用がクライエントの権利を侵害する危険性があることを認識し，その適切な使用に努める。

205

Ⅱ．組織・職場に対する倫理責任

１．（最良の実践を行う責務）

　ソーシャルワーカーは，自らが属する組織・職場の基本的な使命や理念を認識し，最良の業務を遂行する。

２．（同僚などへの敬意）

　ソーシャルワーカーは，組織・職場内のどのような立場にあっても，同僚および他の専門職などに敬意を払う。

３．（倫理綱領の理解の促進）

　ソーシャルワーカーは，組織・職場において本倫理綱領が認識されるよう働きかける。

４．（倫理的実践の推進）

　ソーシャルワーカーは，組織・職場の方針，規則，業務命令がソーシャルワークの倫理的実践を妨げる場合は，適切・妥当な方法・手段によって提言し，改善を図る。

５．（組織内アドボカシーの促進）

　ソーシャルワーカーは，組織・職場におけるあらゆる虐待または差別的・抑圧的な行為の予防および防止の促進を図る。

６．（組織改革）

　ソーシャルワーカーは，人々のニーズや社会状況の変化に応じて組織・職場の機能を評価し必要な改革を図る。

Ⅲ．社会に対する倫理責任

１．（ソーシャル・インクルージョン）

　ソーシャルワーカーは，あらゆる差別，貧困，抑圧，排除，無関心，暴力，環境破壊などに立ち向かい，包摂的な社会をめざす。

２．（社会への働きかけ）

　ソーシャルワーカーは，人権と社会正義の増進において変革と開発が必要であるとみなすとき，人々の主体性を活かしながら，社会に働きかける。

３．（グローバル社会への働きかけ）

　ソーシャルワーカーは，人権と社会正義に関する課題を解決するため，全世界のソーシャルワーカーと連帯し，グローバル社会に働きかける。

Ⅳ．専門職としての倫理責任

１．（専門性の向上）

　ソーシャルワーカーは，最良の実践を行うために，必要な資格を所持し，専門性の向上に努める。

２．（専門職の啓発）

　ソーシャルワーカーは，クライエント・他の専門職・市民に専門職としての実践を適切な手段をもって伝え，社会的信用を高めるよう努める。

３．（信用失墜行為の禁止）

ソーシャルワーカーは，自分の権限の乱用や品位を傷つける行いなど，専門職全体の信用失墜となるような行為をしてはならない。

４．（社会的信用の保持）

　ソーシャルワーカーは，他のソーシャルワーカーが専門職業の社会的信用を損なうような場合，本人にその事実を知らせ，必要な対応を促す。

５．（専門職の擁護）

　ソーシャルワーカーは，不当な批判を受けることがあれば，専門職として連帯し，その立場を擁護する。

巻末資料

6.（教育・訓練・管理における責務）

ソーシャルワーカーは，教育・訓練・管理を行う場合，それらを受ける人の人権を尊重し，専門性の向上に寄与する。

7.（調査・研究）

ソーシャルワーカーは，すべての調査・研究過程で，クライエントを含む研究対象の権利を尊重し，研究対象との関係に十分に注意を払い，倫理性を確保する。

8.（自己管理）

ソーシャルワーカーは，何らかの個人的・社会的な困難に直面し，それが専門的判断や業務遂行に影響する場合，クライエントや他の人々を守るために必要な対応を行い，自己管理に努める。

注
(1) 本綱領には「ソーシャルワーク専門職のグローバル定義」の本文のみを掲載してある。なお，アジア太平洋（2016年）および日本（2017年）における展開が制定されている。
(2) 本綱領にいう「ソーシャルワーカー」とは，本倫理綱領を遵守することを誓約し，ソーシャルワークに携わる者をさす。
(3) 本綱領にいう「クライエント」とは，「ソーシャルワーク専門職のグローバル定義」に照らし，ソーシャルワーカーに支援を求める人々，ソーシャルワークが必要な人々および変革や開発，結束の必要な社会に含まれるすべての人々をさす。

出所：日本ソーシャルワーカー連盟 HP（2024年10月29日アクセス）。

2．社会福祉士の行動規範

2021年3月20日採択

行動規範は倫理綱領を行動レベルに具体化したものであり，社会福祉士が倫理綱領に基づいて実践するための行動を示してあります。行動規範は，倫理綱領の各項目を総体的に具体化したものと，個別の行動として具体化したもので構成されています。

Ⅰ．クライエントに対する倫理責任

1．クライエントとの関係

社会福祉士は，クライエントとの専門的援助関係を最も大切にし，それを自己の利益のために利用してはならない。

1-1．社会福祉士はクライエントに対して，相互の関係は専門的援助関係に基づくものであることを説明しなければならない。

1-2．社会福祉士は，クライエントとの専門的援助関係を構築する際には，対等な協力関係を尊重しなければならない。

1-3．社会福祉士は，専門職としてクライエントと社会通念上，不適切と見なされる関係を持ってはならない。

1-4．社会福祉士は，自分の個人的・宗教的・政治的な動機や利益のために専門的援助関係を利用してはならない。

1-5．社会福祉士は，クライエントと利益相反関係になることが避けられないときは，クライエントにその事実を明らかにし，専門的援助関係を終了しなければならない。その場合は，クライエントを守る手段を講じ，新たな専門的援助関係の構築を支援しなければならない。

2．クライエントの利益の最優先

社会福祉士は，業務の遂行に際して，クライエントの意思を尊重し，その利益の最優先を基本にしなければならない。

2-1．社会福祉士は，専門職の立場を私的に利用してはならない。

207

2-2．社会福祉士は，クライエントから専門職としての支援の代償として，正規の報酬以外に物品や金銭を受けとってはならない。

2-3．社会福祉士は，支援を継続できない何らかの理由が生じた場合，必要な支援が継続できるように最大限の努力をしなければならない。

3．受　容

社会福祉士は，クライエントに対する先入観や偏見を排し，クライエントをあるがままに受容しなければならない。

3-1．社会福祉士は，クライエントを尊重し，あるがままに受け止めなければならない。

3-2．社会福祉士は，自身の価値観や社会的規範によってクライエントを非難・審判することがあってはならない。

4．説明責任

社会福祉士は，クライエントが必要とする情報を，適切な方法やわかりやすい表現を用いて提供しなければならない。

4-1．社会福祉士は，クライエントの側に立って支援を行うことを伝えなければならない。

4-2．社会福祉士は，クライエントが自身の権利について理解できるよう支援しなければならない。

4-3．社会福祉士は，クライエントが必要とする情報を十分に説明し，理解できるよう支援しなければならない。

4-4．社会福祉士は，自身が行う実践について，クライエントだけでなく第三者からも理解が得られるよう説明できなければならない。

5．クライエントの自己決定の尊重

社会福祉士は，クライエントの自己決定を尊重して支援しなければならない。

5-1．社会福祉士は，クライエントが自己決定の権利を有する存在であると認識しなければならない。

5-2．社会福祉士は，クライエントが選択の幅を広げることができるように，必要な情報を提供し，社会資源を活用しなければならない。

5-3．社会福祉士は，クライエントの自己決定に基づく行動が自己に不利益をもたらしたり，他者の権利を侵害すると想定される場合は，その行動を制限することがあることをあらかじめ伝えなければならない。また，その場合は理由を具体的に説明しなければならない。

6．参加の促進

社会福祉士は，クライエントが自らの人生に影響を及ぼす決定や行動のすべての局面において，完全な関与と参加を促進しなければならない。

6-1．社会福祉士は，クライエントが自らの人生に影響を及ぼす決定や行動の局面への関与や参加から排除されがちな現状について認識しなければならない。

6-2．社会福祉士は，クライエントの関与と参加を促進するために，クライエントの自尊心と能力を高めるよう働きかけなければならない。

6-3．社会福祉士は，クライエントの関与と参加に向けて，必要な情報や社会資源を提供したり，機会やプロセスを形成することに貢献しなければならない。

7．クライエントの意思決定への対応

社会福祉士は，クライエントの利益と権利を擁護するために，最善の方法を用いて意思決定を支援しなければならない。

7-1．社会福祉士は，クライエントを意思決定の権利を有する存在として認識しなければならない。

7-2．社会福祉士は，クライエントの意思決定能力をアセスメントしなければならない。

7-3．社会福祉士は，クライエントの意思決定のためにクライエントの特性や状況を理解し，その特性

巻末資料

や状況に応じた最善の方法を用いなければならない。

8．プライバシーの尊重と秘密の保持

社会福祉士は，クライエントのプライバシーを尊重し，秘密を保持しなければならない。

8-1．社会福祉士は，クライエントが自らのプライバシーの権利を認識できるように働きかけなければならない。

8-2．社会福祉士は，クライエントの情報を収集する場合，クライエントの同意を得なければならない。ただし，合理的な理由がある場合（生命，身体又は財産の保護のために緊急に必要な場合など）は，この限りではない。

8-3．社会福祉士は，業務の遂行にあたり，必要以上の情報収集をしてはならない。

8-4．社会福祉士は，合理的な理由がある場合を除き，クライエントの同意を得ることなく収集した情報を使用してはならない。

8-5．社会福祉士は，クライエントのプライバシーや秘密の取り扱いに関して，敏感かつ慎重でなければならない。

8-6．社会福祉士は，業務中であるか否かにかかわらず，また業務を退いた後も，クライエントのプライバシーを尊重し秘密を保持しなければならない。

8-7．社会福祉士は，記録の取り扱い（収集・活用・保存・廃棄）について，クライエントのプライバシーや秘密に関する情報が漏れないよう，慎重に対応しなければならない。

9．記録の開示

社会福祉士は，クライエントから開示の要求があった場合は，原則として記録を開示しなければならない。

9-1．社会福祉士は，クライエントが記録の閲覧を希望した場合は，特別な理由なくそれを拒んではならない。

9-2．社会福祉士は，クライエント自身やクライエントを取り巻く環境の安全が脅かされると想定する場合は，その限りではない。

10．差別や虐待の禁止

社会福祉士は，クライエントに対していかなる差別や虐待も行ってはならない。

10-1．社会福祉士は，クライエントに対して肉体的・精神的苦痛や損害を与えてはならない。

10-2．社会福祉士は，差別や虐待を受けている可能性があるクライエントを発見した場合，すみやかに対応しなければならない。

10-3．社会福祉士は，差別や虐待について正しい知識を得るようにしなければならない。

10-4．社会福祉士は，クライエントが差別や虐待の状況を認識できるよう働きかけなければならない。

11．権利擁護

社会福祉士は，クライエントの権利を擁護し，その権利の行使を促進しなければならない。

11-1．社会福祉士は，クライエントの権利について十分に認識し，敏感かつ積極的に対応しなければならない。

11-2．社会福祉士は，クライエントの権利が擁護されるよう，環境に働きかけなければならない。

11-3．社会福祉士は，クライエントの権利擁護について積極的に啓発しなければならない。

11-4．社会福祉士は，クライエントが自身の権利を自覚し，適切に行使できるよう支援しなければならない。

12．情報処理技術の適切な使用

社会福祉士は，業務を遂行するにあたり情報処理技術を適切に使用しなければならない。

12-1．社会福祉士は，クライエントの権利を擁護するために，情報リテラシーを高める必要があること

209

を自覚しなければならない。

12-2．社会福祉士は，情報処理に関する原則やリスクなどの最新情報について学ばなければならない。

12-3．社会福祉士は，各種の情報媒体を適切に利用し，必要な情報を収集・整理し，活用しなければならない。

12-4．社会福祉士は，情報処理技術（デジタル化された情報，デジタル・ネットワークを活用した情報の収集・拡散を含む）が，クライエントの権利を侵害することがないよう，細心の注意を払わなければならない。

12-5．社会福祉士は，クライエントの情報を電子媒体などにより取り扱う場合，厳重な管理体制と最新のセキュリティに配慮しなければならない。また，クライエントの個人情報の乱用・紛失その他あらゆる危険に対し，安全保護に関する措置を講じなければならない。

12-6．社会福祉士は，クライエントがSNSの利用などにより権利を侵害された場合は，情報処理技術や法律などの専門職と連携して，その回復に努めなければならない。

Ⅱ．組織・職場に対する倫理責任

1．最良の実践を行う責務

　社会福祉士は，所属する組織・職場の基本的な使命や理念を認識し，最良の実践を行わなければならない。

1-1．社会福祉士は，所属する組織・職場における専門職としての使命と職責を認識しなければならない。

1-2．社会福祉士は，本倫理綱領に基づき，所属する組織・職場における専門職としての職責を果たさなければならない。

2．同僚などへの敬意

　社会福祉士は，同僚や上司・部下の職責や専門性の違いを尊重し，敬意を払って接しなければならない。

2-1．社会福祉士は，同僚や上司・部下の職責を理解し，所属する組織・職場での意思疎通が円滑に行われるよう働きかけなければならない。

2-2．社会福祉士は，同僚や上司・部下の専門性を尊重し，連携・協働を図らなければならない。

3．倫理綱領の理解の促進

　社会福祉士は，自らが所属する組織・職場において本倫理綱領および行動規範が適切に理解されるよう働きかけなければならない。

3-1．社会福祉士は，所属する組織・職場において本倫理綱領に基づいた実践を行うことによって，専門性を示さなければならない。

4．倫理的実践の推進

　社会福祉士は，組織・職場において，本倫理綱領に基づいた倫理的実践を推進しなければならない。

4-1．社会福祉士は，所属する組織・職場の方針，規則，手続き，業務命令などを本倫理綱領に沿って適切かどうかを把握しなければならない。

4-2．社会福祉士は，所属する組織・職場の方針，規則，手続き，業務命令などが本倫理綱領に反する場合は，適切・妥当な方法・手段によって提言し，改善を図らなければならない。

5．組織内アドボカシーの促進

　社会福祉士は，組織・職場におけるあらゆる虐待，差別的・抑圧的な行為，ハラスメントを認めてはならない。

5-1．社会福祉士は，組織・職場においてあらゆる虐待，差別的・抑圧的な行為，ハラスメントを認めた場合は，それらの行為が迅速かつ適切に解消するよう対応しなければならない。

5-2．社会福祉士は，組織・職場においてあらゆる虐待，差別的・抑圧的な行為，ハラスメントを防止

巻末資料

するための周知・啓発を行い，同僚などへの権利擁護を実現しなければならない。

6．組織改革

社会福祉士は，人々のニーズや社会状況の変化に応じて組織・職場の機能をアセスメントし，必要な改革を図らなければならない。

6-1．社会福祉士は，人々や地域社会のニーズ，社会状況の変化をアセスメントしなければならない。

6-2．社会福祉士は，人々や地域社会のニーズ，社会状況の変化に照らして組織・職場の機能をアセスメントしなければならない。

6-3．社会福祉士は，組織・職場の機能が人々や地域社会のニーズ，社会状況の変化に対応していない場合には，必要な組織改革を行わなければならない。

Ⅲ．社会に対する倫理責任

1．ソーシャル・インクルージョン

社会福祉士は，あらゆる差別，貧困，抑圧，排除，無関心，暴力，環境破壊などを認識した場合は，専門的な視点と方法により，解決に努めなければならない。

1-1．社会福祉士は，あらゆる差別，貧困，抑圧，排除，無関心，暴力，環境破壊などに専門的な視点から関心を持たなければならない。

1-2．社会福祉士は，専門的な視点と方法により，クライエントの状況とニーズを社会に発信し，ソーシャル・インクルージョンの実現に努めなければならない。

2．社会への働きかけ

社会福祉士は，人権と社会正義が守られるよう，人々とともに社会に働きかけなければならない。

2-1．社会福祉士は，社会における人権と社会正義の状況に関心を持たなければならない。

2-2．社会福祉士は，人権と社会正義の増進において変革と開発が必要であるとみなすとき，人々が主体的に社会の政策・制度の形成に参加し，互恵的な社会が実現されるよう支援しなければならない。

2-3．社会福祉士は，集団の有する力を認識し，人権と社会正義の実現のために，人と環境の双方に働きかけなければならない。

3．グローバル社会への働きかけ

社会福祉士は，人権と社会正義に関する課題についてグローバル社会に働きかけなければならない。

3-1．社会福祉士は，グローバル社会の情勢に関心を持たなければならない。

3-2．社会福祉士は，グローバル社会における文化的社会的差異を認識し，多様性を尊重しなければならない。

3-3．社会福祉士は，出自，人種，民族，国籍，性別，性自認，性的指向，年齢，身体的精神的状況，宗教的文化的背景，社会的地位，経済状況などによる差別，抑圧，支配などをなくすためのソーシャルワーカーの国際的な活動に連帯しなければならない。

Ⅳ．専門職としての倫理責任

1．専門性の向上

社会福祉士は，最良の実践を行うため必要な資格を所持し専門性の向上に努めなければならない。

1-1．社会福祉士は，研修・情報交換・自主勉強会などの機会を活かして，常に自己研鑽に努めなければならない。

1-2．社会福祉士は，常に自己の専門分野や関連する領域の情報に精通するよう努めなければならない。

1-3．社会福祉士は，自らの実践力を明らかにするために，専門性の向上に合わせて必要な資格を取得しなければならない。

2．専門職の啓発

211

社会福祉士は，本倫理綱領を遵守し，専門職として社会的信用を高めるように努めなければならない。

2-1．社会福祉士は，クライエント・他の専門職・市民に社会福祉士であることを名乗り，専門職としての自覚を高めなければならない。

2-2．社会福祉士は，自己が獲得し保持している専門的力量をクライエント・他の専門職・市民に適切な手段をもって伝え，社会的信用を高めるよう努めなければならない。

2-3．社会福祉士は，個人並びに専門職集団として，責任ある行動をとり，その専門職の役割を啓発するよう努めなければならない。

3．信用失墜行為の禁止

社会福祉士は，専門職としての信用を失墜する行為をしてはならない。

3-1．社会福祉士は，倫理綱領及び行動規範を逸脱する行為をしてはならない。

3-2．社会福祉士は，倫理綱領及び行動規範を遵守し，社会的信用を高めるよう行動しなければならない。

4．社会的信用の保持

社会福祉士は，専門職としての社会的信用を保持するために必要な働きかけを相互に行わなければならない。

4-1．社会福祉士は，他の社会福祉士の行為が社会的信用を損なう可能性がある場合，その内容や原因を明らかにし，本人に必要な対応を促さなければならない。

4-2．社会福祉士は，他の社会福祉士の行為が倫理綱領および行動規範を逸脱するとみなした場合は，本人が所属する社会福祉士会や関係機関などに対して適切な対応を取るよう働きかけなければならない。

4-3．社会福祉士は，社会的信用を保持するため，他の社会福祉士と協力してお互いの行為をチェックし，ともに高め合わなければならない。

5．専門職の擁護

社会福祉士は，専門職として不当な批判を受けることがあれば，連帯してその立場を擁護しなければならない。

5-1．社会福祉士は，専門職として日頃から高い倫理観を持って自らを律しなければならない。

5-2．社会福祉士は，社会福祉士の専門性に対する不当な批判や扱いに対して，正当性をアピールするなど適切な対応をしなければならない。

6．教育・訓練・管理における責務

社会福祉士は，専門職として教育・訓練・管理を行う場合，それらを受ける人の専門性の向上に寄与しなければならない。

6-1．社会福祉士は，後進育成にあたっては，対象となる人の人権を尊重しなければならない。

6-2．社会福祉士は，研修や事例検討などの企画・実施にあたっては，その効果が最大限になるように努めなければならない。

6-3．社会福祉士は，スーパービジョンを行う場合，専門職として公正で誠実な態度で臨み，その機能を積極的に活用して社会福祉士の専門性の向上に寄与しなければならない。

6-4．社会福祉士は，業務のアセスメントや人事考課にあたっては，明確な基準に基づいて行い，評価の判断を説明できるようにしておかなければならない。

6-5．社会福祉士は，組織マネジメントにあたっては，職員の働きがいを向上させ，クライエントの満足度を高めるようにしなければならない。

7．調査・研究

社会福祉士は，調査・研究を行うにあたっては，その目的，内容，方法などを明らかにし，クライエン

トを含む研究対象の不利益にならないように，最大限の倫理的配慮を行わなければならない。

7-1. 社会福祉士は，調査・研究を行うにあたっては，日本社会福祉士会が定める研究倫理に関する規程などに示された内容を遵守しなければならない。

7-2. 社会福祉士は，調査・研究の対象者とその関係者の人権に最大限の配慮をしなければならない。

7-3. 社会福祉士は，事例研究などにケースを提供するにあたっては，ケースを特定できないように配慮し，その関係者に対して事前に了解を得なければならない。

8. 自己管理

社会福祉士は，自らが個人的・社会的な困難に直面する可能性があることを自覚し，日頃から心身の健康の増進に努めなければならない。

8-1. 社会福祉士は，自身の心身の状態が専門的な判断や業務遂行にどのように影響しているかについて，認識しなければならない。

8-2. 社会福祉士は，自身が直面する困難が専門的な判断や業務遂行に影響を及ぼす可能性がある場合，クライエントなどに対する支援が適切に継続されるよう，同僚や上司に相談し対応しなければならない。

出所：日本社会福祉士会 HP（2024年10月29日アクセス）。

3．ソーシャルワーク専門職のグローバル定義

ソーシャルワークは，社会変革と社会開発，社会的結束，および人々のエンパワメントと解放を促進する，実践に基づいた専門職であり学問である。社会正義，人権，集団的責任，および多様性尊重の諸原理は，ソーシャルワークの中核をなす。ソーシャルワークの理論，社会科学，人文学，および地域・民族固有の知[1]を基盤として，ソーシャルワークは，生活課題に取り組みウェルビーイングを高めるよう，人々やさまざまな構造に働きかける[2]。

この定義は，各国および世界の各地域で展開してもよい[3]。

....

注釈

注釈は，定義に用いられる中核概念を説明し，ソーシャルワーク専門職の中核となる任務・原則・知・実践について詳述するものである。

中核となる任務

ソーシャルワーク専門職の中核となる任務には，社会変革・社会開発・社会的結束の促進，および人々のエンパワメントと解放がある。

ソーシャルワークは，相互に結び付いた歴史的・社会経済的・文化的・空間的・政治的・個人的要素が人々のウェルビーイングと発展にとってチャンスにも障壁にもなることを認識している，実践に基づいた専門職であり学問である。構造的な障壁は，不平等・差別・搾取・抑圧の永続につながる。人種・階級・言語・宗教・ジェンダー・障害・文化・性的指向などに基づく抑圧や，特権の構造的原因の探求を通して批判的意識を養うこと，そして構造的・個人的障壁の問題に取り組む行動戦略を立てることは，人々のエンパワメントと解放をめざす実践の中核をなす。不利な立場にある人々と連帯しつつ，この専門職は，貧困を軽減し，脆弱で抑圧された人々を解放し，社会的包摂と社会的結束を促進すべく努力する。

社会変革の任務は，個人・家族・小集団・共同体・社会のどのレベルであれ，現状が変革と開発を必要とするとみなされる時，ソーシャルワークが介入することを前提としている。それは，周縁化・社会的排除・抑圧の原因となる構造的条件に挑戦し変革する必要によって突き動かされる。社会変革のイニシアチ

ブは，人権および経済的・環境的・社会的正義の増進において人々の主体性が果たす役割を認識する。また，ソーシャルワーク専門職は，それがいかなる特定の集団の周縁化・排除・抑圧にも利用されない限りにおいて，社会的安定の維持にも等しく関与する。

社会開発という概念は，介入のための戦略，最終的にめざす状態，および（通常の残余的および制度的枠組に加えて）政策的枠組などを意味する。それは，（持続可能な発展をめざし，ミクロ－マクロの区分を超えて，複数のシステムレベルおよびセクター間・専門職間の協働を統合するような）全体的，生物─心理─社会的，およびスピリチュアルなアセスメントと介入に基づいている。それは社会構造的かつ経済的な開発に優先権を与えるものであり，経済成長こそが社会開発の前提条件であるという従来の考え方には賛同しない。

原則

ソーシャルワークの大原則は，人間の内在的価値と尊厳の尊重，危害を加えないこと，多様性の尊重，人権と社会正義の支持である。

人権と社会正義を擁護し支持することは，ソーシャルワークを動機づけ，正当化するものである。ソーシャルワーク専門職は，人権と集団的責任の共存が必要であることを認識する。集団的責任という考えは，一つには，人々がお互い同士，そして環境に対して責任をもつ限りにおいて，はじめて個人の権利が日常レベルで実現されるという現実，もう一つには，共同体の中で互恵的な関係を確立することの重要性を強調する。したがって，ソーシャルワークの主な焦点は，あらゆるレベルにおいて人々の権利を主張すること，および，人々が互いのウェルビーイングに責任をもち，人と人の間，そして人々と環境の間の相互依存を認識し尊重するように促すことにある。

ソーシャルワークは，第一・第二・第三世代の権利を尊重する。第一世代の権利とは，言論や良心の自由，拷問や恣意的拘束からの自由など，市民的・政治的権利を指す。第二世代の権利とは，合理的なレベルの教育・保健医療・住居・少数言語の権利など，社会経済的・文化的権利を指す。第三世代の権利は自然界，生物多様性や世代間平等の権利に焦点を当てる。これらの権利は，互いに補強し依存しあうものであり，個人の権利と集団的権利の両方を含んでいる。

「危害を加えないこと」と「多様性の尊重」は，状況によっては，対立し，競合する価値観となることがある。たとえば，女性や同性愛者などのマイノリティの権利（生存権さえも）が文化の名において侵害される場合などである。『ソーシャルワークの教育・養成に関する世界基準』は，ソーシャルワーカーの教育は基本的人権アプローチに基づくべきと主張することによって，この複雑な問題に対処しようとしている。そこには以下の注が付されている。

文化的信念，価値，および伝統が人々の基本的人権を侵害するところでは，そのようなアプローチ（基本的人権アプローチ）が建設的な対決と変化を促すかもしれない。そもそも文化とは社会的に構成されるダイナミックなものであり，解体され変化しうるものである。そのような建設的な対決，解体，および変化は，特定の文化的価値・信念・伝統を深く理解した上で，人権という（特定の文化よりも）広範な問題に関して，その文化的集団のメンバーと批判的で思慮深い対話を行うことを通して促進されうる。

知

ソーシャルワークは，複数の学問分野をまたぎ，その境界を超えていくものであり，広範な科学的諸理論および研究を利用する。ここでは，「科学」を「知」というそのもっとも基本的な意味で理解したい。ソーシャルワークは，常に発展し続ける自らの理論的基盤および研究はもちろん，コミュニティ開発・全

人的教育学・行政学・人類学・生態学・経済学・教育学・運営管理学・看護学・精神医学・心理学・保健学・社会学など，他の人間諸科学の理論をも利用する。ソーシャルワークの研究と理論の独自性は，その応用性と解放志向性にある。多くのソーシャルワーク研究と理論は，サービス利用者との双方向性のある対話的過程を通して共同で作り上げられてきたものであり，それゆえに特定の実践環境に特徴づけられる。

　この定義は，ソーシャルワークは特定の実践環境や西洋の諸理論だけでなく，先住民を含めた地域・民族固有の知にも拠っていることを認識している。植民地主義の結果，西洋の理論や知識のみが評価され，地域・民族固有の知は，西洋の理論や知識によって過小評価され，軽視され，支配された。この定義は，世界のどの地域・国・区域の先住民たちも，その独自の価値観および知を作り出し，それらを伝達する様式によって，科学に対して計り知れない貢献をしてきたことを認めるとともに，そうすることによって西洋の支配の過程を止め，反転させようとする。ソーシャルワークは，世界中の先住民たちの声に耳を傾け学ぶことによって，西洋の歴史的な科学的植民地主義と覇権を是正しようとする。こうして，ソーシャルワークの知は，先住民の人々と共同で作り出され，ローカルにも国際的にも，より適切に実践されることになるだろう。国連の資料に拠りつつ，IFSW は先住民を以下のように定義している。

- 地理的に明確な先祖伝来の領域に居住している（あるいはその土地への愛着を維持している）。
- 自らの領域において，明確な社会的・経済的・政治的制度を維持する傾向がある。
- 彼らは通常，その国の社会に完全に同化するよりも，文化的・地理的・制度的に独自であり続けることを望む。
- 先住民あるいは部族というアイデンティティをもつ。(http:ifsw.org/policies/indigenous-peoples)

実践

　ソーシャルワークの正統性と任務は，人々がその環境と相互作用する接点への介入にある。環境は，人々の生活に深い影響を及ぼすものであり，人々がその中にある様々な社会システムおよび自然的・地理的環境を含んでいる。ソーシャルワークの参加重視の方法論は，「生活課題に取り組みウェルビーイングを高めるよう，人々やさまざまな構造に働きかける」という部分に表現されている。ソーシャルワークは，できる限り，「人々のために」ではなく，「人々とともに」働くという考え方をとる。社会開発パラダイムにしたがって，ソーシャルワーカーは，システムの維持あるいは変革に向けて，さまざまなシステムレベルで一連のスキル・テクニック・戦略・原則・活動を活用する。ソーシャルワークの実践は，さまざまな形のセラピーやカウンセリング・グループワーク・コミュニティワーク，政策立案や分析，アドボカシーや政治的介入など，広範囲に及ぶ。この定義が支持する解放促進的視角からして，ソーシャルワークの戦略は，抑圧的な権力や不正義の構造的原因と対決しそれに挑戦するために，人々の希望・自尊心・創造的力を増大させることをめざすものであり，それゆえ，介入のミクロ－マクロ的，個人的－政治的次元を一貫性のある全体に統合することができる。ソーシャルワークが全体性を指向する性質は普遍的である。しかしその一方で，ソーシャルワークの実践が実際上何を優先するかは，国や時代により，歴史的・文化的・政治的・社会経済的条件により，多様である。

　この定義に表現された価値や原則を守り，高め，実現することは，世界中のソーシャルワーカーの責任である。ソーシャルワーカーたちがその価値やビジョンに積極的に関与することによってのみ，ソーシャルワークの定義は意味をもつのである。

....

※「IFSW 脚注」

　2014年7月6日の IFSW 総会において，IFSW は，スイスからの動議に基づき，ソーシャルワークのグローバル定義に関して以下の追加動議を可決した。

IFSW 総会において可決された，ソーシャルワークのグローバル定義に関する追加動議

「この定義のどの一部分についても，定義の他の部分と矛盾するような解釈を行わないものとする」

「国・地域レベルでの『展開』は，この定義の諸要素の意味および定義全体の精神と矛盾しないものとする」

「ソーシャルワークの定義は，専門職集団のアイデンティティを確立するための鍵となる重要な要素であるから，この定義の将来の見直しは，その実行過程と変更の必要性を正確に吟味した上ではじめて開始されるものでなければならない。定義自体を変えることを考える前に，まずは注釈を付け加えることを検討すべきである。」

⋯⋯⋯

2014年7月メルボルンにおける国際ソーシャルワーカー連盟（IFSW）総会及び国際ソーシャルワーク学校連盟（IASSW）総会において定義を採択。日本語定義の作業は社会福祉専門職団体協議会と（一社）日本社会福祉教育学校連盟が協働で行った。2015年2月13日，IFSWとしては日本語訳，IASSWは公用語である日本語定義として決定した。

社会福祉専門職団体協議会は，（NPO）日本ソーシャルワーカー協会，（公社）日本社会福祉士会，（公社）日本医療社会福祉協会，（公社）日本精神保健福祉士協会で構成され，IFSW に日本国代表団体として加盟しています。

注
(1) 「地域・民族固有の知（indigenousknowledge）」とは，世界各地に根ざし，人々が集団レベルで長期間受け継いできた知を指している。中でも，本文注釈の「知」の節を見ればわかるように，いわゆる「先住民」の知が特に重視されている。
(2) この文の後半部分は，英語と日本語の言語的構造の違いから，簡潔で適切な訳出が非常に困難である。本文注釈の「実践」の節で，ここは人々の参加や主体性を重視する姿勢を表現していると説明がある。これを加味すると，「ソーシャルワークは，人々が主体的に生活課題に取り組みウェルビーイングを高められるよう人々に関わるとともに，ウェルビーイングを高めるための変革に向けて人々とともにさまざまな構造に働きかける」という意味合いで理解すべきであろう。
(3) 今回，各国および世界の各地域（IFSW/IASSW は，世界をアジア太平洋，アフリカ，北アメリカ，南アメリカ，ヨーロッパという5つの地域＝リージョンに分けている）は，このグローバル定義を基に，それに反しない範囲で，それぞれの置かれた社会的・政治的・文化的状況に応じた独自の定義を作ることができることとなった。これによって，ソーシャルワークの定義は，グローバル（世界）・リージョナル（地域）・ナショナル（国）という3つのレベルをもつ重層的なものとなる。

出所：特定非営利活動法人　日本ソーシャルワーカー協会 HP（2017年10月10日アクセス）。

巻末資料

４．秘密情報カード（「ネゴシエーション」〔第２章３〕）

(1)　Ａさんの秘密情報

　Ａさんはネゴシエーション（交渉）の場で，以下の約束をすることで，グローブをゲットしたいと考えています。

　①　ゲームを１時間にする。

　野球の練習の時間を確保するため，学校から帰ってすぐに施設の共有スペースでテレビゲームをするようになっているので，ゲーム時間を１時間にする。

　②　年下の子たちの面倒をみる。

　自分もかつては，上の学年のお兄さんお姉さんから，いろいろと面倒をみてもらった記憶があるものの，自分はといえば日頃，何かと言い訳をすることで，年下の子たちの面倒を何もみていないことが気がかりになっていた。今後，少なくとも毎日30分間は，自分より年下の子たちの面倒をみるようにする。

　③　他の児童とのけんかを控える。

　最近自分自身でも，感情を抑えられないことが多くなっていて，施設でも学校でも，ついけんかばかりして，大人たちを困らせている。グローブを買ってもらったら，相手からけんかを売られない限り，こちらからはしないようにする。

217

⑵　施設職員の秘密情報

　施設職員はＡさんも含め，小学校高学年の児童に日頃から手を焼いています。とくに以下の３点について，態度を改善してほしいと思っています。

　①　勉強を少なくとも，毎日１時間はしてほしい。

　毎日どれだけ言っても，まったく机に向かう様子がみられない。せめて学校の宿題だけでも，しっかりとやってほしい。学校の先生からも，つね日頃から口酸っぱくいわれている。ただ施設職員はかならずしも児童の親ではないので，どこまで言えばよいのか困っている。

　②　施設の共有物を大切に扱ってほしい。

　これまでも，さまざまなものを施設共有のものとして買ってきたが，私有物でないと，どうしても管理が雑になる傾向がある。これまで使ってきたグローブも，もっとみんなが丁寧に扱っていれば，もっと長く使えたはずである。

　③　家事を手伝ってほしい。

　最近職員がどんどんと辞めてしまって，正直，施設の仕事がまわっていない。もちろん，入所児童に手伝ってもらえる範囲は限られているが，お手伝いはできるだけ，率先してやってほしい。

（田嶋英行）

索　引

あ行

アウトリーチ　120
アセスメント　104, 155
アドボカシー機能　136
アドミニストレーション
　　　102, 106
意図的な感情の表出　38
医療ソーシャルワーカー
　　　109
医療費助成　134
インターベンション　83,
　　　167, 177, 195
インテーク面接　190
インフォーマル資源　139
エコマップ　90, 92, 159
エバリュエーション　178,
　　　179, 197
援助展開過程　98
オープンクエスチョン　69
親亡き後の問題　140

か行

介護保険　99
開始期　56
回復期リハビリテーション病
　　　棟　109
介入　→インターベンション
家計相談支援事業　164
家族観　48
家族間の関係性　48
家族内力動　48
家族療法　194
価値観　30
　　　──の不一致　78
感情のコントロール　36
感情の反映技法　39
管理的機能　111
逆転移　36
客観的情報　96
教育的機能　111
グループ　54
　　　──の成立条件　59
グループワーク　54
クローズドクエスチョン　69
ケアマネジャー　97
ケースアドボカシー　138
健康で文化的な最低限度の生
　　　活　197

さ行

言語メッセージ　62
権利擁護　136
合意　2
行動規範　2, 3
国際ソーシャルワーカー連盟
　　　→IFSW
国民年金　156
個人的な立場　25
コーズ（クラス）アドボカ
　　　シー　138
コーディネート（調整）
　　　130
個別プラン　195
コミュニケーション　62
コモンスペース　114
コンペティション　103

最低生活費　197
作業期　56
参加　2
参画　2
ジェイコブズ，J.　117
ジェノグラム　90
支援計画　96
支援調整会議　167
自己覚知　30
支持的機能　111
システム的アプローチ　194
システムとしての家族　52
失業保険　157, 178
実践アプローチ　194
児童養護施設　79
児童労働　18
社会貢献　103
社会資源　126, 132, 138
社会正義　9, 24, 25
社会全体　25
社会的包摂　118
社会福祉士の行動規範　6,
　　　207
社会福祉法人　144
集団の責任　18, 20
重度障害児　134
就労準備支援事業　164, 199
主観的情報　96
主訴　190

た行

シュハート　106
受容　39
準備期　55
情報開示請求　98
職能団体　83
自立相談支援事業　164, 195
ジレンマ　28
信頼関係　68, 70
ストレングス　42, 160
スーパーバイザー　108
スーパーバイジー　108
スーパービジョン　108
生活困窮者自立支援事業
　　　164
生活保護　178, 179
　　　──基準　178
　　　──の最低基準　158
性的マイノリティ　15
性別二元論　13
世帯単位　197
世帯分離　178, 179, 197
セルフネグレクト　120
専門職の実践　9
ソーシャルアクション　132
ソーシャルサポートネット
　　　ワーク　126
ソーシャルワーカーの倫理綱
　　　領　6, 204
ソーシャルワーク専門職のグ
　　　ローバル定義　213
ソーシャルワーク・マインド
　　　53

多職種連携　98
ターミネーション　181
多様性の尊重　12, 15
短期目標　161
地域ケア会議　121, 123
地域包括支援センター　99,
　　　121
逐語録　97
長期目標　161
デミング　106
転移　36
同意　2
同性愛カップル　13

219

統制された情緒的関与　39
都市計画　117

な行

ニーズ　132, 160
人間の尊厳　9
ネガティブな感情　37
ネゴシエーション　78, 80-83
ネットワーク　130

は行

バイオ・サイコ・ソーシャル　45
　──の側面　159
バイステック，F. P.　38
パートナーシップ証明書　13
ハローワーク　156
非言語メッセージ　62
非審判的態度　39

ファシリテーター　84
ファミリーマップ　90, 91, 194
フェアトレード　18
フォーマル資源　139
プランニング　161
ブレインストーム　73
プレゼンテーション　72
分析・評価　96
保健師　121

ま行

マッピングツール　90
マネジメント　106
ミラーリング　69
民生委員　121
メラビアンの法則　68
面接　68

──・相談記録票　97
──技術　189
モニタリング　177, 178

や・ら・わ行

抑うつ状態　156
倫理綱領　28
ロールプレイ　110, 122, 179, 197
「我が事・丸ごと」地域共生社会　144

欧文

IFSW　12
LGBTQ　12-16
PDCA サイクル　102, 105
SOAP 方式　96
Yes Set　69

執筆者紹介 （所属，分担，執筆順，＊印は編集委員）

＊前廣　美保（武蔵野大学通信教育部准教授：オリエンテーション［契約］，第2章2，第4章
　　　　　　7・8・10）

西川ハンナ（創価大学文学部准教授：第1章1・第3章1）

＊田嶋　英行（文京学院大学人間学部教授：第1章2，第2章3・7，第4章5・6・10）

＊庄司　妃佐（東京福祉大学社会福祉学部教授：第1章3・5，第4章1・9・10）

本多　　勇（武蔵野大学通信教育部教授：第1章4）

＊保正　友子（日本福祉大学社会福祉学部教授：第1章6・9，第4章2・10）

＊北爪　克洋（東京福祉大学社会福祉学部准教授：第1章7，第2章4，第3章3，第4章4・
　　　　　　10）

＊元橋　良之（首都医校社会福祉学科専任教員：第1章8，第3章6，第4章3・10）

山田真由美（武蔵野大学通信教育部非常勤講師：第1章10）

中里　哲也（帝京科学大学医療科学部准教授：第2章1）

中土　純子（浦和大学社会学部特任准教授：第2章5）

伊藤　重夫（多摩市健康福祉部長：第2章6）

楢木　博之（静岡福祉大学社会福祉学部教授：第2章8，第3章2）

篠本　耕二（社会福祉士：第3章4・5）

・「『すぐに使える！　学生・教員・実践者のためのソーシャルワーク演習』指導方法の手引き」
　無料進呈のご案内

　　本書に掲載された演習をより効果的に実施するためのヒント・提案が掲載された「『すぐに
使える！　学生・教員・実践者のためのソーシャルワーク演習』指導方法の手引き」を，ご希
望の方に進呈します。ご希望の方は，ご所属先・お名前をご明示の上，ご所属先のメールアド
レスにて下記までご連絡下さい。

・連絡先
〒607-8494
京都市山科区日ノ岡堤谷町1
株式会社ミネルヴァ書房
編集部　音田　潔
e-mail：ed3@minervashobo.co.jp

すぐに使える！
学生・教員・実践者のためのソーシャルワーク演習

| 2018年 4 月 1 日　初版第 1 刷発行 | 〈検印省略〉 |
| 2024年12月30日　初版第 4 刷発行 | |

定価はカバーに
表示しています

編　　者	ソーシャルワーク演習研究会
発 行 者	杉　田　啓　三
印 刷 者	坂　本　喜　杏

発行所　株式会社　ミネルヴァ書房
〒607-8494　京都市山科区日ノ岡堤谷町 1
電話代表　（075）581-5191
振替口座　01020 - 0 - 8076

ⓒ ソーシャルワーク演習研究会ほか, 2018　冨山房インターナショナル・吉田三誠堂製本

ISBN 978-4-623-08222-3

Printed in Japan

福祉職員研修ハンドブック

京都府社会福祉協議会 監修／津田耕一 著
A5判／198頁／本体 2000円

ジェネラリスト・ソーシャルワークにもとづく社会福祉のスーパービジョン

山辺朗子 著
A5判／224頁／本体 2500円

グラウンデッド・セオリー

V. B. マーティン・A. ユンニルド 編／志村健一・小島通代・水野節夫 監訳
A5判／500頁／本体 8500円

ソーシャルワーカー論

空閑浩人 編著
A5判／272頁／本体 4200円

福祉の哲学とは何か

広井良典 編著
四六判／332頁／本体 3000円

―――――― ミネルヴァ書房 ――――――
https://www.minervashobo.co.jp/